本书主要研究了俄罗斯国防工业综合体的形成与发展过程,并运用历史研究法,对国防工业现代化的现状和前景进行了深入分析。从动态和趋势上看,国防工业综合体的结构改革与国家管理结构改革是同步进行的。

本书专为国防工业综合体的管理人员和专业人士撰写。

РОССИЙСКИЙ ОБОРОННО-ПРОМЫШЛЕННЫЙ КОМПЛЕКС: ИСТОРИЯ, СОВРЕМЕННОЕ СОСТОЯНИЕ, ПЕРСПЕКТИВЫ

俄罗斯国防工业综合体：历史、现状和未来

[俄]阿纳托利·阿列克谢耶维奇·阿列克萨什
[俄]谢尔盖·弗拉基米洛维奇·卡尔布科 著
[俄]亚历山大·米哈伊洛维奇·古宾斯基

武坤琳　刘都群　译

北京理工大学出版社
BEIJING INSTITUTE OF TECHNOLOGY PRESS

版权专有 侵权必究

图书在版编目（CIP）数据

俄罗斯国防工业综合体：历史、现状和未来／（俄罗斯）阿纳托利·阿列克谢耶维奇·阿列克萨什，（俄罗斯）谢尔盖·弗拉基米洛维奇·卡尔布科，（俄罗斯）亚历山大·米哈伊洛维奇·古宾斯基著；武坤琳，刘都群译．—北京：北京理工大学出版社，2018.5（2021.6重印）
ISBN 978 – 7 – 5682 – 5607 – 0

Ⅰ.①俄… Ⅱ.①阿… ②谢… ③亚… ④武… ⑤刘… Ⅲ.①国防工业－工业综合体－研究－俄罗斯 Ⅳ.①F451.264

中国版本图书馆 CIP 数据核字（2018）第 083870 号

北京市版权局著作权合同登记号　图字 01 – 2016 – 3566 号

出版发行 ／ 北京理工大学出版社有限责任公司
社　　址 ／ 北京市海淀区中关村南大街 5 号
邮　　编 ／ 100081
电　　话 ／ （010）68914775（总编室）
　　　　　　（010）82562903（教材售后服务热线）
　　　　　　（010）68948351（其他图书服务热线）
网　　址 ／ http：//www.bitpress.com.cn
经　　销 ／ 全国各地新华书店
印　　刷 ／ 北京虎彩文化传播有限公司
开　　本 ／ 710 毫米 × 1000 毫米　1/16
印　　张 ／ 15.5　　　　　　　　　　　　　　责任编辑 ／ 刘永兵
字　　数 ／ 230 千字　　　　　　　　　　　　文案编辑 ／ 刘永兵
版　　次 ／ 2018 年 5 月第 1 版　2021 年 6 月第 2 次印刷　责任校对 ／ 周瑞红
定　　价 ／ 78.00 元　　　　　　　　　　　　责任印制 ／ 王美丽

图书出现印装质量问题，请拨打售后服务热线，本社负责调换

序

俄罗斯国防工业综合体历史悠久，源远流长。

19世纪下半叶到20世纪初，为满足陆军和海军物资需求，开始创建和发展工业企业。第一次世界大战初期，开始全力推动军工行业发展。

十月革命使俄罗斯国防工业结构发生了显著变化，然而战争和革命前所创建的主要框架仍被继承下来。

发展武装力量和国防工业成为伟大卫国战争时期国家政策的重中之重，伟大卫国战争的胜利很大程度上亦归功于这一国策。

进一步发展和壮大国防工业是战后面临的主要挑战，并因此催生了军事产品研发和制造的特定系统——国防工业综合体。

国防工业综合体的形成不仅使国家集中人力和物力创建最新武器和军事装备，还能扩大国民经济的规模。

苏联解体后，国防工业综合体发生了变化。同时，国家政策的扶持重点也发生了转移。20世纪90年代国防工业综合体作用遭到削弱，并开始分散化管理。21世纪初国防工业综合体的作用开始增强，并创立了一体化结构集中管理模式，国家集团是其中最为复杂的管理模式。

本书作者对国家国防工业综合体发展历程进行分析时，凸显了其历史延续性。依据国防工业综合体结构演变的规律，可以预测国防工业综合体中长期的发展动态与方向。

《俄罗斯国防工业综合体：历史、现状和未来》一书为所有研究国防工业综合体问题的专家提供了非常重要的信息资源。

Б·С·阿廖申

Б·С·阿廖申——俄罗斯社会活动家、学者，大型信息系统、机载电子计算机以及软件开发专家。

1984—1989 年，航空工业微电子中心负责人；

2000—2001 年，俄罗斯联邦工业、科学和技术部第一副部长；

2001—2003 年，俄罗斯标准化和计量学国家委员会主席；

2003—2004 年，俄罗斯联邦政府产业政策部门副主席；

2004—2007 年，俄罗斯联邦工业局负责人；

2007—2009 年，"伏尔加汽车制造"股份有限公司总裁；

2009 年 11 月 25 日起，担任中央茹科夫斯基空气流体动力研究所总经理。

目 录

第一章　俄罗斯国防工业综合体的改革阶段 ……………… 001
  1.1　1917 年 10 月前沙俄时期国防工业的发展状况 …… 001
  1.2　1918—1921 年国内战争期间国防工业建设和
       战后改革 ………………………………………… 010
  1.3　卫国战争前的国防工业 ………………………… 022
  1.4　卫国战争和战后时期—1990 年 ………………… 032
  1.5　1991—1999 年国防工业综合体的结构改革 …… 049
  1.6　1999—2004 年国防工业综合体结构改革 ……… 056
  1.7　国防工业综合体机构改革 2004—2007 年 ……… 063
  1.8　2007—2011 年国防工业综合体结构改革 ……… 077

第二章　俄罗斯国防工业一体化结构 ……………………… 078
  2.1　国防工业综合体新型管理结构 ………………… 078
  2.2　国防工业综合体发展的法律和理论基础 ……… 088
  2.3　建立国家（集团）公司和大型专业公司，提高
       现代国防工业综合体管理效率 ………………… 091
  2.4　国防工业综合体科学结构一体化 ……………… 151

第三章　创建一体化结构的理论基础 ……………………… 185
  3.1　国防工业综合体的国有企业管理：控股公司、
       金融工业集团、康采恩 ………………………… 185
  3.2　企业管理学中的"一体化结构"概念 ………… 193
  3.3　国防工业综合体一体化结构建设的方法
       学原理 …………………………………………… 201
  3.4　跨部门质量保障体系　提高国防工业综合体
       职能效率的工具 ………………………………… 214

参考文献 ……………………………………………………… 228

第一章 俄罗斯国防工业综合体的改革阶段

1.1 1917年10月前沙俄时期国防工业的发展状况

19世纪末20世纪初，沙皇俄国军工企业主要有两大职能：一是向陆军和海军提供常规武器和弹药；二是承担重大课题的研发，以壮大国家武装力量。

常规生产的经费由军事部和海军部的年度财政预算确定。而上述部门下达的重大课题，经费拨款则需经国家元首同意，之后再递交国家杜马批准。

为重建日俄战争中损失的舰队，海军部拟定了若干建设计划。其中，规模最小的方案是在波罗的海建设一支分舰队（包括8艘战列舰、4艘战列巡洋舰、9艘轻型巡洋舰和36艘驱逐舰）。规模最大的方案是建设4支同样的分舰队，2支部署在太平洋，另2支分别部署于波罗的海和黑海。此方案预计耗资8.7亿~50亿卢布[1]。除重建舰队外，海军部还阐述了国有军工企业满负荷工作的必要性，以加大该计划获批的筹码。

与此同时，军事部也制订了自己的陆军装备更新计划，一次性预算超过21亿卢布。这样，所有方案的费用预计超过71亿卢布，几乎是1908年沙皇俄国国家财政预算的三倍。此外，军事部和海军部每年的一般性财政支出也在不断增长[2]。

限于国家财力，政府首脑决定缩减1908年海军部提出的计划，也被称为"小规模造船计划"，军事部的计划也获批准但经费亦被同比例的缩减。

1909—1910年国家财政状况好转，军政首脑特别会议通过"1910—1920年俄国海军力量十年发展规划"决议，借以遏制土耳其在黑海海峡地区的野心，巩固自己在该区域的军事战略地位。

1911年海军总参谋部通过《俄罗斯帝国海军舰队法草案》，"十年计划"得到进一步充实。根据该草案，未来22年，拟在波罗的海部署2支作战分舰队和1支预备分舰队，将黑海舰队力量提高到现有驻扎舰队的1.5倍。该草案全部实施的总费用预计超过20亿卢布[3]。

1913年通过陆军重建的"1913—1917小规模计划"，以优先发展炮队，部分经费用于发展空军和工程兵部队。同时还制订了"大规模计划"，旨在增加武器采购以及扩充军队人数。1914年6月，第一次世界大战爆发前夕，国家杜马和国家委员会决议批准了"大规模计划"。

第一次世界大战的爆发促使政府当局对军队武器和弹药保障计划进行了重要调整。战前积极扩大海军发展规划的举措在实际军事行动收效甚微。事实上，造价昂贵的装甲舰几乎无法参与军事行动。有种军事理论认为：对于持续时间不超过半年的军事行动，依靠军用物资储备就足以应对，这一理论显然是错误的。因为为期6个月的军事行动所消耗的储备物资，很难在很短时间内依靠现有军工装备企业的产能加以补充，因此也就无法保障军事行动中急剧增长的物资需求。

1915年德军对东部前线发起进攻。为扭转战局，必须采取紧急措施。因此，政府当局做出决议，召开调整战时军工企业运营和国家国防措施的特别会议（国防特别会议），并授予其最高国家管理机构地位。基于1915年4月17日批准生效的总则，国防特别会议拥有如下职权：

——对所有政府工厂、兵工厂、修理厂、私人工厂及其他为陆军和海军提供军事及其他物资储备的企业实行最高级别监管；

——推动新型工厂和其他军事及相关储备物资生产的工业企业的建设、改造、扩建以及现有企业的连续生产；

——负责下发俄罗斯国内与国外工厂的急需订单，并对负有包销责任的企业经营进行监管，同时监管国外订单的完成情况。

国防特别会议主席曾担任军事部部长，拥有举足轻重的话语权，会议成员分别来自国家委员会、国家杜马、各职能部门、国家检察机关、中央军事工业委员会以及具有建议权的社会团体。国防特别会议直接听命于最高统帅。会议下设10个常设委员会和6个常务委员会，地方机关下设地区工人会议[4]。

国防特别会议主席在武器装备生产和俄罗斯境内各类经济活动的组织方面拥有广泛的权力，可以要求各政府部门、社会组织、各级领导协助国防特别会议履行职权；并对执行情况进行监督，扣押不动产和动产。国防特别会议主席可以罢免国有及私有企业领导层职务，调整经理、董事、管理人员、董事会、委员会、监事会的成员构成，从国库资金中发放各类贷款，关闭非军事用途企业以及设定工资标准。国防特别会议主席还有权组织俄罗斯全国的货物运输和采购储备物资[5]。

工厂会议是"特别会议"的地方部门，由国防特别会议主席委托成立，由地方政府机关、地方及城市协会组织以及军事工业委员会组成。供货单位代表、相关企业及专家等也都参与其中。共成立了12

个涵盖国家最大规模工业区的地区工厂会议[6]。

截至1916年，工厂会议监管下的企业共有4 872家。几乎所有大型工业企业都受国防特别会议及其地方机构的领导，上述企业雇用了全国至少三分之二工人。在工厂会议协调下，所有大型私营工商业亦踊跃参与军事订单的生产[7]。

为加大军事订单中大型私营工业参与力度，1915年5月，彼得格勒第九届工业贸易会议通过组建军事工业委员会的决议，并建议依据地区特点将所有工业贸易组织并入地区委员会。

为协调地方委员会活动，还组建了中央军事工业委员会。中央军事工业委员会由委员会主席领导，委员会成员包括：工商界代表大会委员会、军事工业领域委员会及各部代表、军事技术协助委员会代表、地方联盟、全俄城市联盟及其他组织代表。中央军事工业委员会在其机构内组建了如下部门：机械、化工、军队供应、汽车、航空、军事动员、大型炮弹、机床及其他部门。

中央军事工业委员会负责向地方军工委员会、私营企业下达军工订单，参与新型企业的创建和生产，与国防特别会议进行协调。各种数据显示，中央军事工业委员会军工订单分配和完成量可达8%~17%[8,9]。

总之，军工委员会首次尝试了对非国营工业的管理。大量民营企业、手工业作坊、委员会与国营经济部门的结合是国防工业系统的重要特征。此举促进了军事订单的完成，一批新型企业也兴旺发达起来，扩大了产能，亦带动了一系列国民经济领域的发展[10]。

战前和战争时期隶属于军事部的军械总部扮演了军工企业管理局的特殊角色。军械总部自1862年成立之日起，就肩负着保障部队武器和弹药供应任务。该部门负责监管国有军工企业，并向民营国防工厂下派订单。

军事部于1908年12月实施的《军械技术机构条例》确定了国有军工企业的管理制度和结构。根据该条例，国有企业直属军械总部。

企业管理结构分为技术、经营和行政三个独立部门。生产直归技术部门，经营部门负责供给和生产保障，而行政部门则主管企业员工。企业领导层任职于真正的军事机构，拥有军衔，而基层技术人员和工人则根据《军械技术机构雇用技术人员和工人条例》受雇于工厂。军械总部部长管理下属专门负责人，通过军械技术机构部门对技术部门进行领导，而经济领域则由相关军械总部下属的总务处负责——火药炸药、弹药厂和雷管制造厂、兵工厂、军械修造厂和火炮厂。行政部门则主管企业的行政事务。

军械总部结构中，除主管国有工厂的部门和科室外，还包括1916年成立的负责科学技术问题的炮兵委员会、负责化工企业创建和发展的化工委员会。

军械总部直接或通过订单派发对企业实施管理，企业分为4种类型：

（1）军事部门工厂；

（2）海军部门工厂；

（3）矿山部门工厂；

（4）私人工厂。

国营军工厂分为：军械工厂——图拉、谢斯特罗列茨克和伊热夫斯克工厂；弹药厂——圣彼得堡和卢甘斯克工厂；管筒（枪炮发射管）厂——圣彼得堡和萨马拉工厂；火炮厂——圣彼得堡工厂；一类兵工厂——圣彼得堡、基辅和布良斯克工厂；二类兵工厂——华沙、第比利斯和哈巴罗夫斯克工厂；火药制造厂——奥赫塔、喀山和绍斯特卡工厂；炸药厂——奥赫塔和萨马拉工厂。

海军工厂（海军装备）：奥布霍夫钢铁厂（生产火炮、炮架、炮弹和光学仪器），伊若拉工厂（生产炮筒和装甲）。

矿业部门工厂（主要涉及冶金）：彼尔姆工厂（生产火炮、炮架和炮弹）；兹拉托乌斯特工厂（生产冷兵器和炮弹）；奥洛涅茨工厂

(生产炮弹）；上图拉工厂（生产炮弹）；沃特金斯克工厂（生产炮弹）；库什瓦工厂（生产炮弹）；卡缅工厂（生产炮弹）；萨特卡工厂（生产炮弹）；巴兰钦斯基工厂（生产炮弹）。

私营工厂：普金洛夫斯基工厂（火炮、炮架、炮弹、炮兵队）；图拉弹药厂（炮弹，炮筒）；圣彼得堡工厂（炮弹、炮架、堡垒装甲车）；巴拉诺夫斯卡工厂（炮筒和定时信管）；布良斯克机械制造厂（炮架、炮弹、炮兵队）；索尔莫夫机车制造厂（炮弹、靶板、炮兵队）；里里博—郎工厂（炮弹）；鲁兹基工厂（炮弹）；科洛姆纳机械制造厂（炮弹、炮兵队）；圣彼得堡俄罗斯炮弹制造协会（炮弹）；列斯纳工厂（炮弹，机枪）；施吕瑟尔堡俄罗斯火药制造与出售协会（火药和炸药）；格尔察工厂（军事光学器材）；赫尔辛福斯工厂（炮弹、炮兵队）；奥布工厂（炮弹、炮兵队）[11]。

国家炮兵厂专门负责特殊军事产品生产，并涵盖整个基础军事机件产品目录的生产链，其中军械制造、机枪制造、炮弹制造、子弹制造、导管制造、火药制造以及炸药制造几乎处于垄断地位。其他与军事相关的工厂仅负责民用产品生产。国防工业监管体系见图1-1。

如上所述，战争期间现有国防企业无法满足军事行动中作战部队武器和弹药的迅速增长需求。因此，对时局进行分析后，军械总部负责人马尼高夫斯克·A·A撰写了第165392号报告，并于1916年10月20日递交政府，提出《新型军事工厂建设大纲》。

该大纲首次提出了国防工业建设的系统方案。依据该建设方案形成了公私企业间、国防生产小组与国民工业间的全面协作关系，和平时期同样能为国防利益服务。国防生产小组拥有一定数量的国有专业工厂，之前的征召方案用于确定数量和总生产能力。新型军事工厂建设应根据工厂总体规划图进行。

该大纲的预计执行期限为10年，不仅是为满足军队的当前需求，更是为了战后建立有效的国防工业。共拟建17个大型工厂（费用超

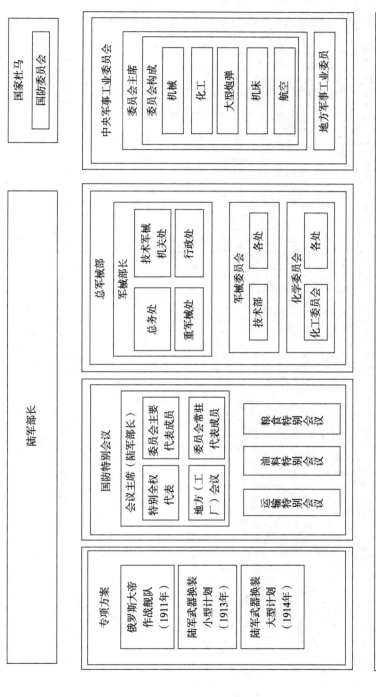

图1-1 国防工业监管体系（1917年10月前）

过1 000万卢布）和18个小型工厂（费用不到500万卢布），详见表1-1[11]。

表1-1

序号	名　称	1916年总费用/卢布
1	图拉第二兵工厂	49 700
2	叶卡捷琳斯拉夫卡兵工厂	34 600
3	科夫罗夫机械厂	26 000
4	辛比尔斯克弹药厂	40 900
5	奔萨制管厂	20 700
6	沃罗涅日雷管厂	41 600
7	萨拉托夫火炮厂	37 500
8	坦波夫火药制造厂	30 100
9	萨马拉火药制造厂	30 000
10	塔什干轧棉厂	4 000
11	下诺夫哥罗德炸药制造厂	17 400
12	乌法炸药制造厂	20 600
13	叶卡捷琳诺达尔修理厂	4 500
14	格罗兹尼修理厂	1 400
15	博戈罗茨科耶装药厂	20 900
16	特罗伊蒋克装药厂	3 500
17	特维尔斯卡装药厂	1 200
18	叶卡捷琳斯拉夫卡装药厂	1 300
19	喀琅施塔得装药厂	100
20	斯维巴尔博尔科特斯基装药厂	100
21	彼得格勒化学装药厂	100
22	尤佐夫斯基硝酸厂	1 300
23	卡季耶夫卡粗苯厂	700

续表

序号	名　称	1916年总费用/卢布
24	喀山炼油厂	1 100
25	下诺夫哥罗德酸性材料加工厂	1 900
26	芬兰含氯材料加工厂	3 200
27	喀山军工厂	400
28	格格比诺军工厂	500
29	卡缅斯基铸钢厂	49 000
30	卡缅斯基器械厂	138 000
31	制铝厂	10 000
32	伊久姆光学玻璃厂	1 200
33	伊久姆光学仪器厂	4 800
34	图拉机械制造厂	31 900
35	奥涅加硝酸厂	26 100
	总额	655 200

工业动员对满足国防需求已经初见成效。贸易与工业部负责人利特维诺维－法琳斯克·В·Н在《关于俄罗斯工业动员》报告中指出："克服重重困难后，总体来说，目前我国的工业是为国防服务的。一系列的生产、创建新型工业领域，以及发展和扩大其他领域的行动均是为了满足军事需求。这一切都是为了适应战争时期的艰苦条件。"[12]关于这一点，俄罗斯（苏联）军事长官以及军事学者巴勒科夫·Е·З曾写道："整体而言，俄罗斯工业动员极不合理，且完全缺乏战争准备，战争时期没有工业生产计划——尽管我们拥有丰富的资源；1916年，其产能已经达到了极限；而当年部队的军用物资需求均有大幅度增长。"[13]

从第一次世界大战的经验中可以看出，俄罗斯军政首脑因受半年战略物资储备理论的影响，仍按照平时武器和弹药的生产能力组织生产，在大型持久战中，无论是国营国防部门还是动员民用企业，均无法充分满足部队需求。若在军事行动中对毫无准备的国防生产进行扩充，无论在组织结构还是财政上，都需要采取特殊措施。

回顾和研究俄罗斯国防工业的发展历程，可分为几个重要方向。首先是加强现有企业生产小组，形成协作关系，开始建立中心管理系统。更重要的是要奠定今后的国防工业基础。另一个更重大的方向，是按照动员原则建设国家经济，包括建设国防工业基础并动员筹备民用工业的转型。

1917年十月革命后，上述目标仍得以延续。

1.2 1918—1921年国内战争期间国防工业建设和战后改革

1917年发生的十月革命从根本上改变整个国家的管理体系，也波及国防生产管理部门。主要包括两个进程：建立完善的新型管理机构和实现已有陈旧国防企业管理系统向新型体系的调整。

1917年10月26日第二届全俄代表大会，根据人民委员会法令，选举产生了苏维埃人民委员会，并直接参与到组织新型军事管理机构的工作中。1917年11月，由人民委员会成员组成了人民军事委员会。

人民军事委员会负责改革旧的军事管理机构并创立新型军队。人民军事委员会通过向各军事部门委派专员实现其职权，替代旧时领导。

依照人民委员会第31号决议，自1917年11月11日起，创立管理旧时军队军械总部事务的委员会，将生产军械、维护红军的军械供应、完善军械装备以及检验军需生产等事务纳入新军械部工作范畴。

为组织管理国家财政和国民经济各领域工作，依据人民委员会令，1917年12月2日，创立了中央执行委员会和人民委员会下属的最高国民经济委员会。为了管理工业领域，组建了最高国民经济委员会下属的总委员会和中枢机构，主要任务是负责国内战争时期红军物资保障。1918年6月国有化后，最高国民经济委员会将所有工业领域的大型企业从国民经济管理中分离出来，从1918年起，最高国民经济委员会实际上充当了行业直接管理者的角色，生产部门、原料分配以及产品制造均在其严密监管之下。

第一次世界大战期间的战时工业委员会被授权为最高国民经济委员会下属的独立委员会，同时国防特别会议被批准作为最高国民经济委员会的专门财政会议。

1918年1月15日，人民军事委员会下属的人民委员会通过《组织全体俄联邦成员建立苏联工农红军联盟的法令》。根据该法令，组建了武装部。

随着新型管理机构的形成，军队和专业管理职能也发生了分化。

为解决战时建设、机动化、编队、排列、士兵训练、领导地方武装机关等组织问题，战时委员会于1918年5月8日根据第339号令，组建全俄总司令部，将当时继续承担作战任务的旧军队机关与全俄人民组织管理的红军联合起来。

国防工业的组织工作被纳入全俄苏联红军武装部的职权，并将其划为独立系统。该部不隶属于全俄总司令部，继续以全俄武装委员会的名称履行其职能，直到1918年8月3日战时全俄委员会颁布命令将其废除。

根据人民军事委员会第445号令，1918年6月15日起，军械总部的军事工厂基本管理职能划归给新型管理部门——中央供应局。根据人民军事委员会第414号令，该局于1918年6月1日成立，其职能是保障军队的所有物资供应。除军械总部外，军事工程、军事经济以及军事住宅管理总局，海军舰队的主要管理部门，军队修理部门，中央战争科技实验室，境外补给部，中央战争技术分配委员会亦并入中央供应局。

新创建的许多国家军事和管理部门并无力充分协调其职能，且存在职权重叠现象，无法保证国家战时政治形势的稳定。1918年年末国内和前线紧张局势加剧，因此创建一个统一的军事机构对所有武装力量进行管理显示出其必要性。

根据全苏中央执行委员会1918年9月2日决议，苏维埃共和国宣布组成统一军营，同时还建立了超越人民军事委员会权力和最高军事委员会职能的革命军事委员会，从法律意义上讲，人民军事委员会依旧存在，事实上其部门已与革命军事委员会部门合并。军事和海军事务人民委员作为革命军事委员会主席，此外，革命军事委员会将管理武装力量供给纳入其职能。中央供应局为其下属部门。

根据俄共中央委员会决定和中央执行委员会及苏维埃人民委员会决议，自1918年11月30日起，创建新型政府权力机构——苏维埃工农国防委员会，旨在协调所有苏维埃经济、军事机构并巩固与国防事业密切相关的组织，改善军事工业的管理和苏联红军的物资保障。1920年4月，苏维埃工农国防委员会转为苏维埃国防工业部，并授予其调动一切资源满足国防需求的全部权力。根据1920年12月29日全苏第八次代表大会决议，苏维埃国防工业部适用人民委员会条例。

1921年4月，苏维埃国防工业部创建国家计划委员会。其职能包括制定统一的经济规划和协调各部门间的生产规划。国家计划委员会主要职能之一是规划国家军事工业的发展，后来，1927年，从国家计划委员会分出一个独立部门——国防处，负责军工计划的研究以及监督军工计划的生产完成情况。

根据职能，最高国民经济委员会与其他高级国家权力机关一道，负责研究国防工业事务。

1918年8月16日，最高国民经济委员会下设军事物资临时生产供应委员会。1918年11月2日，根据苏维埃人民委员会决议，将临时委员会改组为红军供应特别委员会。红军供应特别委员会负责军械、军事工程和海军工厂军事物资装备的调整和改良，并对工厂年度军事订单及其财政实施监督。所有从事军备供应的部门和机构均隶属于红军供应特别委员会，人民军事委员会除外。

为管理军械厂，苏维埃共和国革命军事委员会根据第103号令，于1919年1月15日在军械总部下设了炮兵工厂中央管理委员会。炮兵工厂中央管理委员会由三个工业部门组成：量产部（武器、子弹、枪管、光学工厂），化工部（爆炸物、火药、炮弹）和重工业部（火炮工厂、军火工厂、优良维修厂）。

在1919年年初，国防工业隶属于多个管理部门，因此必须建立一个管理所有国防产品生产企业的集中管理机构。为此，苏维埃中央执行委员会于1919年7月9日宣布成立"红军和海军供给工农国防全权委员会"[14]。根据决议，红军和海军供给工农国防全权委员会为红军和海军供给最高管理机构，隶属于工农国防委员会和苏维埃共和国革命军事委员会。职权包括提高国防工厂的生产效率。中央军队供应局并入红军和海军供给工农国防全权委员会。

为审核生产规划、分派军事订单以及组织国防企业生产，红军和海军供给工农国防全权委员会于1919年9月12日颁布决议，下设了军事工业委员会。军事工业委员会主席为全俄国民经济委员会成员。

事实上，摆在军事工业委员会面前的任务不仅是集中力量管理主要国防企业，还包括将生产同类产品的相关生产链整合为一个整体。其中每个企业均可以创建一个脱离军事工业委员会管辖的专业管理机构，独立完成管理、领导、协调职能。

军事工业委员会建立后，开始建设国防工业体系，А·А·马尼科夫斯基早在1916年《新军事工厂建设提纲》中，便提出了这一设想。

军事工业委员会开始积极解决其所面临的任务。在极短期限内创建了中心机构，包括管理部、技术部、工业部、装备及金融部，并设立了多个区域部门。

早在1919年10月，炮兵工厂中央管理委员会就已成为军事工业委员会下属机构。1919年12月，军事工业委员会颁布决议，将海军舰队军需用品生产工厂并入中央海军工厂管理委员会。1919年12月24日，合并了隶属于最高国民经济委员会的航空工业管理总局。1920年2月，将从事军事辎重生产和维修，以及管理卫生、军队粮食和工程器材制造的中央军用辎重厂管理局并入军事工业委员会。

从此，形成了三级国防工业管理体系：军事工业委员会——管理总局——工厂。

据1918年曾担任军械总部负责人的B·C·米哈伊洛夫省长[15]介绍，炮兵工厂并入军事工业委员会时共合并了如下工厂：兵工厂——图拉、伊热夫斯克、谢斯特罗列茨克、别日茨克修理厂和武器工厂；弹药厂——图拉、卢甘斯克、辛比尔斯克、波多利斯基铸造铅弹子铸造厂；枪管工厂——彼得格勒、奔萨、萨马拉工厂；光学仪器工厂——波多利斯基光学仪器工厂；火炮工厂——莫斯科火炮工厂；军械修造厂——彼得格勒、布良斯克、下诺夫哥罗德、巴奇曼诺夫斯克军械厂；修理厂——莫斯科、坦波夫、卡卢加修理厂；造船厂——高加索、弗拉基米尔、奥赫杰斯克、绍斯特卡造船厂；弹药与装药工厂——下诺夫哥罗德、奥赫杰斯克、博戈罗茨克、特罗伊茨克、特维尔炸药厂；奥赫杰斯克、萨马拉、绍斯特卡炸药。

1920年年末，以下特定编号的工厂归入航空工业管理总局（见表1-2）。

表1-2

名称及位置	专业职能
"杜克斯"，莫斯科	陆上战斗军用飞机发动机
"格诺姆和卢"，莫斯科	工作人员，"西班牙"海军飞机
列别季夫，彼得格勒	战斗与教练机

续表

名称及位置	专业职能
"卡马尤",彼得格勒	
俄-波罗的海,彼得格勒	
"发动机",莫斯科	"卢"发动机
"莫斯科",莫斯科	教练机
"萨利姆索恩",莫斯科	发动机维修
"天鹅",奔萨	教练机、滑翔机、螺旋桨飞机
"飞机工艺",莫斯科	滑翔螺旋桨
"杰卡",亚历山大洛维奇	发动机
"天鹅",塔甘罗格	
"安娜特拉"敖德萨基辅工厂 萨拉普尔修理厂	飞机维修
诺夫哥罗德·H停机场	重型教练机

军事工业委员会在创建新型军事工业管理机构的过程中,拥有评估权,苏维埃社会主义共和国最高国民经济委员会下属的军事工业管理总局负责人 П·И·波克丹诺夫写道:"军事工业作为国民经济的特殊领域,自1919年初始形成,同年成立了军事工业委员会,在其领导下逐渐汇集了所有服务炮兵、海军、空军、陆军工兵和军需处的专门工厂。"

此时,这些工厂依据不同部门被划分为单独分支或统一管理的团组。合并时将所有联合企业从部门中分离出来,并入最高国民经济委员会[16]。

В·С·米哈伊洛夫教授对军事工业委员会的日常管理理念予以高度评价,"依据大规模组织法,1919年成立军事工业委员会,合并了其所有联合企业",根本上打破了持续百年的军工行业旧有组织结构,也打破了独立军事工业部门控制的部门官员的腐败心理和意识形态。旧有组织体系打破后,其遗留的"有益材料"重新组建了所有的军事工业部门。这是真正意义上的大规模创造性工作,同时又体现了明确、精深的组织思想。这种不妥协、坚定不移、精深的思想全面融入日常生活中。因此所有国家军工业务均形成了完备严整的组织结构，组建此类组织结构时遵循的原则如下：

（1）将所有军工企业从部门机构中划分出来；

（2）依据生产性质将这些企业进行分类；

（3）具有同类生产特质的小组由生产总局统一领导；

（4）相同组织形式的生产总局隶属于军事工业委员会；

（5）所有工厂均拥有内部生产与管理的国民工业通用的同等组织模式；

（6）将所有生产总局并入军事工业委员会，通过这种方式将所有国防工业集中在军事工业委员会管辖下；

（7）军事工业委员会不仅与国家国民工业建立了密切联系，同时也和军事海务部门建立了密切联系。

军事工业、军事工业委员会组织工作过程中会涉及国民经济在战争中的作用问题，因此组建了动员工业事务的专门机构。

因此，几十年来，俄罗斯军事工业领域首次出现能够基于国防和国家通用工业政策需要，可以下令合并所有相关领域的高级组织管理机构[15]。

总体而言，军事工业委员会的工作目标是保障现有军队物资供应。国内战争结束后，国家政策的重心发生改变。当时的任务是实现国防工业与落后的国民经济领域一体化，以满足和平时期的经济需求。

为完成上述任务，需要对国防工业管理结构进行改革。根据俄罗斯苏维埃社会主义共和国苏联人民委员会1921年5月17日令，军事工业委员会通过下列形式并入苏维埃国民经济委员会：

（1）军事工业委员会以整体组织形式作为特别军事处并入苏维埃国民经济委员会；

（2）经劳动国防委员会同意，准许将军事部企业转交给地方机构；

（3）最高国民经济委员会主席拥有红军和海军供给工农国防全权委员会针对军事部企业的同等权力。

（4）自此决议生效之日起，军事工业委员会向国民经济最高委员会转交的期限为一个月。[17]

该决议执行一个月后，即1921年4月18日，红军和海军供给工农国防全权委员会颁布第117号令。根据此令，军事工业委员会将其所有组织机构并入最高国民经济委员会，作为一个独立分支机构，直接听命于最高国民经济委员会主席团，因此保留有国内战争时期赋予的所有特权和权力。

经过两个多月的改造重组，最高国民经济委员会主席团依据1921年6月6日《关于管理总局领导配备》的决议，批准军事工业委员会下设最高国民经济委员会军事工业管理总局（简称"军事工业总局"）、国防工业管理机构中等级别以及直属双重级别的行业管理总局体系（炮兵工厂中央管理委员会、中央海军工厂管理局、最高航空总局、中央军用辎重厂管理局）。

军事工业总局体系中，表面上保留了军事工业委员会的类似结构。首先存在等级构成体系。因此，技术生产管理局在军事工业总局中发挥着基础性作用，并领导所有工厂的生产技术活动。然而技术生产管理局已不再拥有曾经的权力。所有工厂被分成五类单独的生产小组，并归入技术生产管理局相应部门：第一类：主管军事机械、钢管、弹药、光学工厂；第二类：主管火炮工厂和火炮维修材料厂；第三类：主管炸药、火药厂、导火线和装药工厂；第四类：主管航空工厂；第五类：主管航海工厂。

除技术生产管理局外，军事工业总局结构中还设立了保障部门和特别管理局。

1922—1925年，由于战后经济危机，以及最高国民经济管理体系向托拉斯原则的转型，分权制度的国防工业分散化管理得以强化，从军事工业总局中划分出航空制造工厂和航海制造工厂，组成了民用工业托拉斯。根据国防劳动委员会1925年4月28日第121号决议，将航空制造企业划入最高国民经济委员会金属工业管理总局下属的国家航空工业托拉斯——航空托拉斯。1924年10月，波罗的斯克船舶设计和机械工厂与彼得堡海军分支并入船舶设计托拉斯。其他国防企业也存在类似情况。

1924年3月24日，最高国民经济委员会颁布第609号令，将最高国民经济委员会军事工业管理总局改造为国家联合公司——苏维埃社会主义共和国联盟最高国民经济委员会军事工业管理总局。负责管理如下工厂[18]：兵工厂——图拉和伊热夫斯克兵工厂；机枪制造厂——科夫罗夫机枪制造厂；弹药制造厂——图拉弹药制造厂、卢甘斯克弹药制造厂、波多利斯克弹药制造厂、辛比尔斯克弹药制造厂；管道工厂——列宁格勒第二工厂，萨马林和奔萨工厂；火炮制造厂——"布尔什维克"（奥布霍夫）、彼尔姆、莫斯科、加里宁娜（位于梅季希地区）；机械制造工厂——列宁格勒、布良斯克、基辅；防化和炸弹工厂——萨马林、罗萨利、乌里扬诺夫、坦波夫；光学工厂——波多利斯克、列宁格勒、伊久姆；水雷制造工厂——俄罗斯怀特海；航空制造工厂——"杜克斯"第一工厂（莫斯科）、"伊卡洛斯"第二工厂（莫斯科）、"红色飞行员"第三工厂（列宁格勒）、"马达发动机"第四工厂（莫斯科）、第五号工厂（莫斯科）、"雷诺"第六工厂（莫斯科）、"螺旋桨"第八工厂（莫斯科）、第九工厂（扎波罗热）、高尔基汽车制造厂第十工厂（塔甘罗格）、高尔基汽车制造厂第十六工厂（莫斯科）、航空飞机修理第七工厂（敖德萨）。

1925年12月4日，在最高国民经济委员会结构完整框架内，将军事工业管理总局改造为军事工业生产联合公司（军工）。1926年12月15日，军事工业被划分成四类托拉斯：火炮军械类、弹药管道类、军事化工类、武器机枪类,由苏维埃社会主义共和国联盟最高国民经济委员会军事工业管理局委员会负责管理。

1925年12月,苏维埃社会主义共和国联盟最高国民经济委员会主席团下属的军事工业管理局委员会颁布第164号令,旨在以工业动员与复员委员会和军事订单委员会为基础编制军事动员计划及总指导规划。

动员国防工业任务需要全民经济的投入,为解决这一问题,1927年夏,成立了国家国防计划部。

为研究战争时期国民经济的工作规划、协调五年计划和国防需求,1927年年初对经济动员问题和军事问题进行了分析,并成立劳动和国防委员会指导会议。劳动和国防委员会指导会议成为第一个国民经济五年计划发展时期国防政治发展的主要机构(1927—1928年)。

依据1927年5月4日劳动和国防委员会指导会议决议,成立了劳动国防委员会下属的军事委员会。根据决议,委员会除应接受监督外,还需要完成当前的军事工业计划[19]。

报告随后提及了劳动和国防委员会临时军事委员会,提议按照各自任务,将国防部门分解成四个分部:第一分部——研究战时国民经济方案;第二分部(作战分部)——研究动员和动员计划设备的经济调整方法;第三分部——和平时期根据国防任务对国民经济进行改造;第四分部(秘书处科学工作人员)——科学研究战争和军事经济的准备[20]。

1928年,为领导和团结所有领域的军事工业,依据国际国防状况,在社会上实行统一政策,在军事工业总局基础上成立苏维埃社会主义共和国联盟最高国民经济委员会军事工业总局(简称"军事工业总局")。

1929年,苏维埃社会主义共和国联盟最高国民经济委员会军事工业总局拥有 5 家托拉斯，合并为 52 个国防企业：管套托拉斯——8 家企业；武器军械托拉斯——5 家企业；军事化学托拉斯——11 家企业；武器装备托拉斯——13 家企业；航空行业托拉斯——15 家企业[22]。

苏维埃社会主义共和国联盟军政首脑十分关注国防工业的发展进程，并给予高度重视。1929 年 7 月 15 日，布尔什维克全联盟共产党中央政治局通过了《关于军事工业》的决议。决议详细分析了现阶段工业发展存在的不足：国防潜力估计不足，工业向军事装备的转型时间过长，个别领域与国防工业企业存在不平衡。决议结果显示，国防工业与国防需求间的失衡现象导致了紧张局势，红军无法利用积累的资源，且在战争初期无法获得必需的武器[21]。

1927 年 12 月 27 日，在工业改造总体框架内，布尔什维克全联盟共产党中央政治局通过最高国民经济委员会关于改造国防部门及其领导机构的提议，成立了军事工业总局。1930 年春，军事工业总局被改编成两家生产企业。

全苏火炮—武器—机枪生产联合公司（武器联合公司）包括前火炮—兵器和武器—机枪托拉斯公司。

在火炮—兵器托拉斯基础上成立了医疗—管道和导火管生产企业。

1930 年 5 月 3 日，根据最高国民经济委员会第 1324 号令成立了联合企业，军事工业总局解体，而其内部托拉斯也被解散。

军事工业管理局部门改革的连续性特征参见图 1-2。

1930 年，随着军事工业总局的解散，实际上结束了最高国防工业管理局的管理阶段。巩固国防工业、增加国防企业数量及实现国防工业的专业化是构建新型管理体系的必要举措。

部门人民委员会组建进程开始启动。

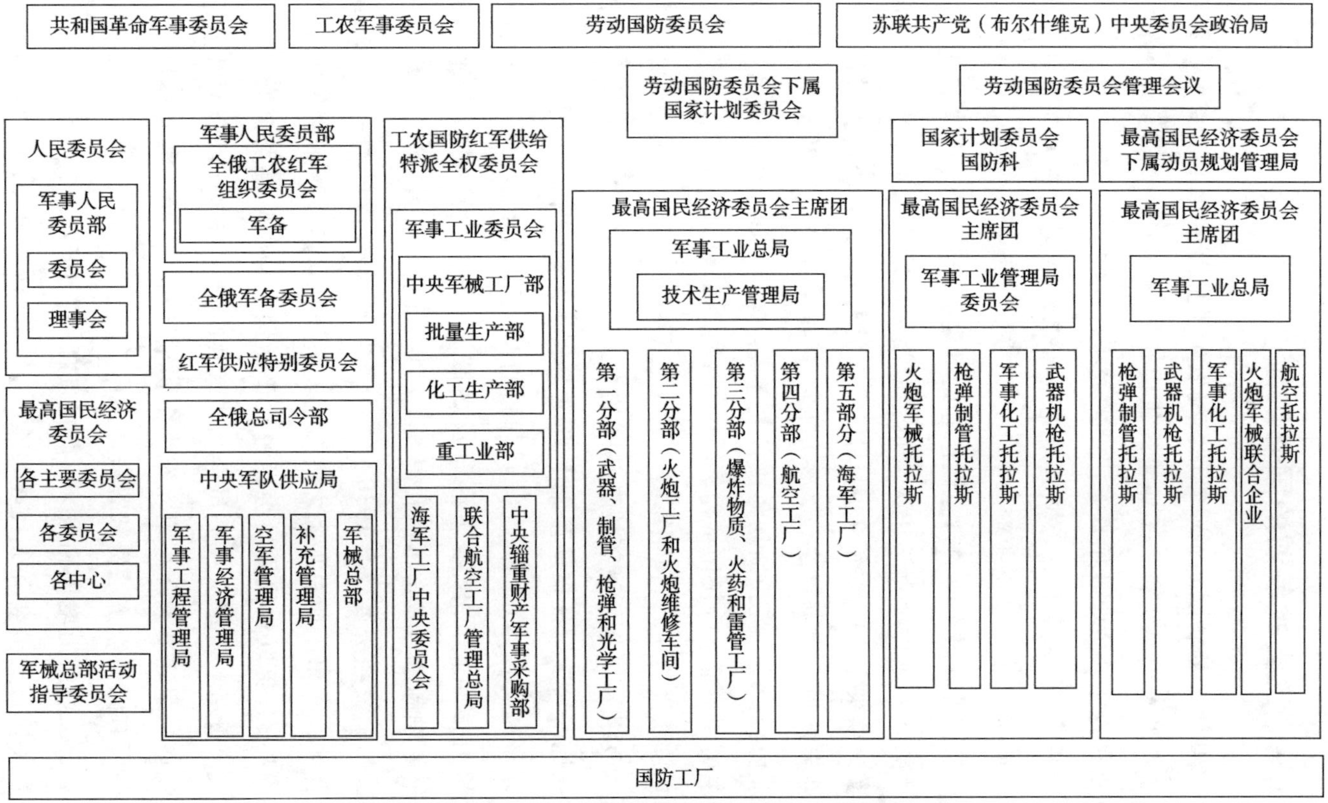

图1-2 内战和战后时期国防工业管理部门改革

1.3 卫国战争前的国防工业

1930年，苏联国防企业管理结构发生了显著变化，该变化贯穿于国内工业改革的全进程。工业管理机构开始由各主要委员会体系转变为行业联合体。企业开始拥有广泛的经济独立性。

1929年12月5日，苏联共产党（布尔什维克）中央委员会通过决议，明确"企业是工业管理的主要环节"[23]。

国防工业领域企业的自主性也开始得到提升。1929年12月末，苏联共产党（布尔什维克）中央委员会政治局决定改组军事工业。为顺利落实该项决定，1930年2月1日，劳动国防委员会通过了《改组军事工业》决议。根据该决议，军用化工托拉斯（公司）转交给全苏化工工业协会；航空托拉斯划为独立生产联合体，隶属于最高国民经济委员会主席团。最高国民经济委员会军事工业总局解散。军事工业总局旗下的托拉斯（公司），包括军械—机枪、子弹—管筒和火炮—兵工厂托拉斯，改组为"基于经济核算基础的军工厂联合体"[24]。在军械—机枪和火炮—兵工厂托拉斯基础上组建了全苏火炮—军械—机枪生产联合体（军械联合体），在子弹—管筒托拉斯基础上组建了全苏子弹—管筒和引信生产联合体（管筒及爆破）。其他生产国防产品的工厂——船舶制造、光学机械和毒气工厂并入民营托拉斯管理体系。

最高国民经济委员会1930年5月3日颁布第1234号令，要求组建联合体，军事工业总局随之解散，其下属托拉斯亦被解散。1930年12月24日，苏联人民委员会通过关于撤销劳动国防委员会指导会议的决议。此外，苏联人民委员会和苏联共产党（布尔什维克）中央委员会政治局组建了国防小组，作为主要领导机构，负责管理国防工业及全国所有国民经济动员部署准备工作。

鉴于工业潜力增长和国家面临的新任务，1932年1月5日，根据苏联中央执行委员会和人民委员会决议，最高国民经济委员会解散；

在其基础上组建了重工业人民委员部、轻工业人民委员部和森林工业人民委员部。

苏联将军工企业集中交由重工业人民委员部及其主要委员会、托拉斯和联合体统管。在重工业人民委员部存续期间（1932—1936），机构从10个主要委员会扩展至逾30个。委员会的改革、托拉斯和联合体的组建、撤销实际上从未中断过。重工业人民委员部存续期内，可将其机构中负责国防工厂管理的主要部门划分为：

——军事动员总局；

——航空工业管理总局；

——造船工业管理总局；

——军事器材管理总局；

——化工管理总局；

——氮工业管理总局；

——电气工业管理总局；

——全苏精密工业工厂生产联合体

——火炮—兵工厂托拉斯、军械—机枪托拉斯、子弹—管筒托拉斯、炮弹托拉斯、特种机械托拉斯、全苏特种钢托拉斯、全苏蓄电池托拉斯。

苏联重工业人民委员部的其他主要委员会（运输机械制造工业总局、金属制品工业总局、基础化学工业总局、非金属制品工业总局、农机制造总局、机床制造和工具工业总局、精密机械制造总局、橡胶工业总局、汽车拖拉机工业总局、有色金属加工总局、炼铝工业总局和冶金工业总局）相对于武器和军事技术装备生产，主要履行保障职能[25,26]。

苏联重工业人民委员部体系中，军事动员总局主要负责协调军工厂事务。

行业主要委员会主要研究生产规划、基本建设计划，处理科学技术政策和动员部署问题。

托拉斯理事会和军工厂联合体主要负责组织企业原料、燃料、电力、材料和设备的供应，处理成本核算和定价问题。同时代替相应主要委员会按时向工厂下达计划任务。

厂长就所产军品的数量和质量承担个人责任[27]。

至此，苏联建立了明确的国防工业纵向一体化管理结构。在该管理结构中，苏联共产党（布尔什维克）中央委员会政治局作为国家政治领导机构，负责通过重大决议；在高层管理中，国防小组负责统领所有实际工作；苏联重工业人民委员部军事动员总局负责技术层面执行高层通过的决议（见图1-3）。

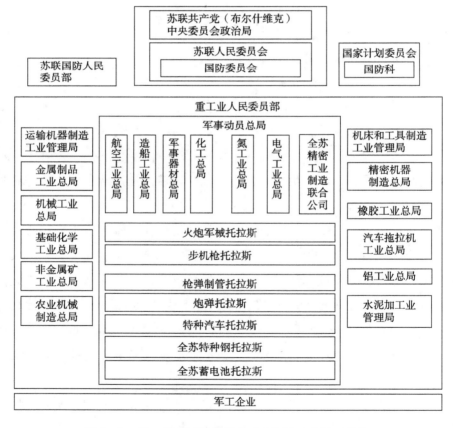

图1-3 重工业人民委员部基础上国防工业管理结构

专项规划是落实国防工业发展计划的重要手段之一。

1929年12月,《1930—1933年坦克生产长期规划》获得批准。根据规划,设定了以下控制指标(见表1-3)[28]。

表1-3 辆

计划生产 (设备类型)	1929/ 1930年	1930/ 1931年	1931/ 1932年	1932/ 1933年	总计
小型坦克	300	665	800	1 170	2 935
中型坦克	30	300	1 000	1 100	2 430
重型坦克	—	2	48	150	200
超轻型坦克	10	290	410	390	1 100
装甲设备总计	340	1 257	2 258	2 710	6 665

1933年7月11日,劳动国防委员会通过《1933—1938年海军造船规划》。计划在5年内开工建造8艘巡洋舰、50艘驱逐舰、327艘鱼雷艇、36艘护卫舰、76艘大型潜艇、200艘中型潜艇、60艘猎潜艇、42艘扫雷舰、14艘浅水重炮舰和8艘炮艇。之后,劳动国防委员会很快通过了《第二个五年计划工农红军炮兵武器系统》《第二个五年计划工农红军坦克武器系统》,1935年4月,1935—1937年空军发展计划获得批准。

20世纪30年代,地区分工是国防工业发展的重要任务。根据领土构成及所面临的模拟战斗任务,组建了新型国防企业。国防企业主要区域分布在列宁格勒—莫斯科—图拉—布良斯克—哈尔科夫—第聂伯罗彼得罗夫斯克一线。在乌拉尔、西伯利亚、伏尔加河沿岸和远东地区,快速建立发展起了多家新型国防企业,尤其是同已有工业组建的生产合作社。

国防企业数量的持续增加及国防工业复杂的多级管理结构均要求组建专门从事军工生产的管理机构。

专职机构随即应运而生。根据苏联中央执行委员会1936年12月

8日决议，军品生产重新划归国防工业人民委员部管理。根据政府1937年1月批准的《国防工业人民委员部的地位与机构》，其职能是"旨在强化先进设备基础和巩固国家国防实力，负责领导旗下的苏联国防工业"[30]。

国防工业人民委员部共辖11个主要局，分别为一局（航空器）、二局（造船）、三局（火炮）、四局（弹药）、五局（弱电工业）、六局（化工）、七局（装甲）、八局（坦克）、九局（光学）、十局（精密工业）和十一局（蓄电池）。

国防工业人民委员部从重工业人民委员部接收了47个航空工厂，15个炮厂，3个军械厂，9个光学—机械厂，10个坦克厂，9个子弹—弹筒厂，7个管筒—引信厂，7个炮弹厂，3个地雷、鱼雷和炸弹武器生产厂，10个造船厂和船坞，23个军用化工企业，16个电子与无线电仪器生产厂，8个精密机械制造企业，5个蓄电池厂和3个冶金厂。

在国防工业成形时期，除企业外，设计和科研所、设计局均发挥着重要作用；主要研究武器装备系统和款式，通过实验生产进行开发，并就其生产进行工厂设计。因此，除国防工厂外，国防工业人民委员部还包括9个国家设计所、25个科研所、17个设计局和65个高级与中级专业学校（见图1-4）[25]。

随着国防工业人民委员部的组建，苏联对国防工业高管层进行了相应改革。根据苏联共产党（布尔什维克）中央委员会1937年4月27日决议及苏联人民委员会1937年4月28日决议，在苏联人民委员会管辖的国防小组基础上成立了隶属于苏联人民委员会的国防委员会。

国防委员会职权包括协调国防领域的各项任务、列装新型技术设备、部署军工厂和海军工厂。

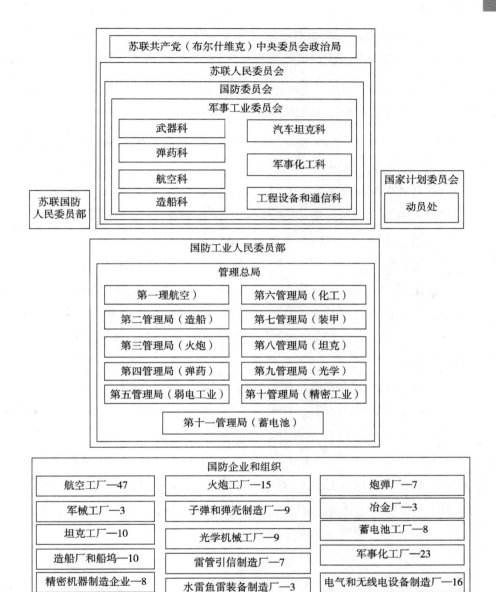

图1-4 国防工业人民委员部基础上国防工业管理结构

1938年年初，国防委员会设立了经济理事会和军工委员会。国防委员会下达苏联军队生产武器装备的计划和任务后，军工委员会负责所有企业的动员和筹备工作，以保障上述计划和任务的顺利执行。

2 俄罗斯国防工业综合体

军工委员会设主席一职（苏联人民委员会副主席兼任军工委员会主席），组织结构包括：副主席和常务委员——国防人民委员、海军人民委员和内务人民委员；军兵种首长：工农红军总参谋长、海军司令、空军司令、炮兵局长、装甲局长；国防和重工业领导——航空工业、造船、弹药、武器装备、化学工业、重型机械制造、中型机械制造、通用机械制造部门的人民委员，以及苏联国家计划委员会主席。

行业部门纳入军工委员会，实际领导相应行业领域的企业，包括武器装备、射击武器、火炮材料、军用仪器；弹药、弹壳、导管、引信、套筒、火药、炸药和包装箱；航空器；装甲车；军用化学；造船；工程设备和通信。

协调工业转向弹药动员计划的筹备工作这一典型例子足以说明，军工委员会所担负任务的规模和总量之繁重。1941年6月6日，苏联共产党（布尔什维克）中央委员会和人民委员会通过《命令工业转向弹药动员计划的筹备措施》的联合决议。根据计划，必须保证各人民委员部相互协作（见表1-4）[31]。各人民委员部需完成的任务清单表明了所面临任务的难度和规模。此外，航空器、装甲车和造船等其他行业亦制定了规模庞大的计划。

表1-4

人民委员会	职责范围	人民委员
弹药人民委员部	弹药	П·Н·卡尔斯梅金
通用机械制造人民委员会	通用机械制造	П·И·巴尔什
中型机器制造人民委员会	中型机器制造	В·Л·玛雷舍夫

续表

人民委员会	职责范围	人民委员
苏联重工业机械制造人民委员部	重型机器制造	А·И·耶夫列莫夫
苏联黑色冶金工业人民委员部	黑色冶金	И·Т·杰夫夏
航空工业人民委员部	航空工业	Л·И·莎胡利
军械人民委员部	军械	Б·Л·瓦林科夫
造船人民委员部	造船	И·И·诺谢恩卡
苏联电子工业人民委员部	电子工业	В·В·巴卡德列夫
苏联有色冶金工业人民委员部	有色冶金	П·Ф·罗马卡
苏联石油工业人民委员部	石油工业	И·К·谢基恩
苏联化学工业人民委员部	化学工业	А·П·杰尼索夫
交通人民委员部	交通	Л·М·卡卡诺维奇
苏联建筑人民委员部	建筑	С·З·金茨布尔戈
内务人民委员部	内务	Л·М·别里亚
国防人民委员部	国防	С·К·吉莫舍卡

从《武器装备和作战设备的生产协调情况》这一参考资料中能够看出协调各部门企业工作的难度，该文件由军工委员会于1939年4月25日出台。文件编者表示，这一时期的生产协调工作并未经过深思熟虑，缺乏系统性，主要委员会和人民委员部并不关注这一问题。工厂皆各行其是，如寻找企业，劝其订货并通过各种方式留住客户；加盟生产协调的企业定价并不合理，只是试图通过这些订货改善自身财务情况[32]。

1938年，国家计划委员会国防处撤销，在其基础上组建了国家计划委员会动员处。前国家计划委员会国防处部分管理职能及相应部门转入国防委员会，从而形成了一个新型的国防工业管理机构（见图1-5）。

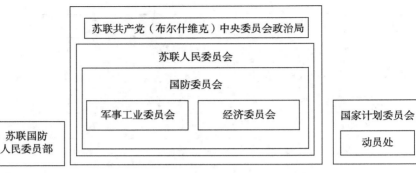

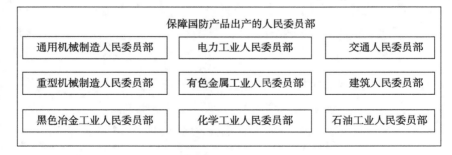

图1-5　各专业人民委员部基础上国防工业管理结构

1939年前，国防工业便形成了完备的生产工艺综合体，可生产单个军用产品，包括航空器、造船、武器装备、弹药、装甲设备和军用化学品。每个综合体都需要进行独立管理。为此，根据苏联最高苏维埃主席团1939年1月11日颁布的《苏联国防工业人民委员部拆分》令，组建了4个行业管理机构：航空工业人民委员部、造船工业人民委员部、弹药人民委员部和装备人民委员部（见表1-5）[34]。1938—1939年，航空工业和弹药工业发展最为迅速。

表1-5

人民委员部	工厂/个	科研所和设计局/个	托拉斯/个	学院和技术学校/个	总产量/百万卢布		工人数/人		1939年投资额/百万卢布
					1938年	1939年	1938年	1939年	
航空工业人民委员部	86	9	5	22	3 877	5 738	216 634	272 629	1 427
弹药人民委员部	53	12	5	16	2 668	4 993	222 154	337 111	1 525
造船工业人民委员部	41	10	5	20	2 300	3 054	15 608	173 284	945
装备人民委员部	38	8	4	21	2 475	3 442	173 172	204 458	575
共计	218	39	19	79	11 320	17 227	768 168	987 512	4 472

由于机械制造人民委员部被拆分为重型、通用和中型机械制造人民委员部，苏联最高苏维埃主席团1939年2月8日颁布组建苏联中型机械制造人民委员部令；1939年7月2日，坦克工厂并入该机构。军用化学品转入1939年2月28日组建的苏联化工人民委员部。

国防工业改革应确保该行业实现实质性增长。根据第三个五年计划（1938—1942），航空工业总产量（飞机产量）应从1938年的2.06万架增至1942年的5万架，坦克产量从35 400辆增至60 775辆，炮弹产量从1.01亿发增至4.89亿发[35]。

卫国战争的爆发迫使上述计划进行了大幅度调整。

1.4 卫国战争和战后时期—1990 年

卫国战争要求实施紧急改革，以确保集中所有国家管理体系。

为有效指导军事和经济问题，开展经济动员，根据苏联最高苏维埃主席团、苏联共产党（布尔什维克）中央委员会和苏联人民委员会1941 年 6 月 30 日决议，成立了国防委员会（不同于此前隶属于苏联人民委员会的国防委员会），由其集中掌控国家政权各领域。该委员会主要职能是确保军事和经济事务的处理。其中，最高统帅部负责指挥战斗行动，苏联共产党（布尔什维克）中央委员会和苏联人民委员会机构负责管理经济。苏联人民委员会所辖国防委员会的所有机构，包括军工委员会在内，均划归新成立的国防委员会管辖。

为提升国防委员会工作效率，1942 年 12 月，根据《关于国防委员会作战局意见》，国防委员会组建了 1 个专门机构——行动局，主要履行协调职能。行动局吸纳了 14 个人民委员部，委员部主要统筹安排军事和工业部门的基本保障[36]。

为有效解决问题，除国防委员会行动局外，国防委员会还组建了特别委员会、特别小组、特别组和特别理事会，任命了行业和地区的常驻及临时国防委员会全权代表。

例如，1941 年组建了疏散委员会、铁路卸载委员会和缴获小组；1942 年组建了弹药、武器装备、航空器、坦克和军事化工工作组，以及交通委员会；1943 年组建了缴获委员会和无线电探测理事会；1945 年组建了特别委员会（处理赔款、档案调出和文化珍品的有关事务）和专门委员会（核弹研制）。

国防委员会全权代表由党员、苏联经济领导人和著名军事专家学者构成，其权力和职责由国防委员会特别决议确定[37]。

此类机构在战时紧急状态下发挥了重要作用。

1944年5月，通过了《国防委员会行动局工作》决议，极大地扩展了该机构的职权范围。国防委员会行动局统管：航空工业人民委员部、坦克工业人民委员部、造船工业人民委员部、武器装备人民委员部、弹药人民委员部、交通人民委员部、北方航线总局、内河舰队人民委员部、海军人民委员部、黑色冶金人民委员部、有色冶金人民委员部、石油工业人民委员部、煤炭工业人民委员部、化学工业人民委员部、纸浆造纸人民委员部、橡胶工业人民委员部、电气工业人民委员部和电站人民委员部[38]。也就是说，国防委员会行动局实际几乎统管了国民经济所有主要行业（见图1-6）。

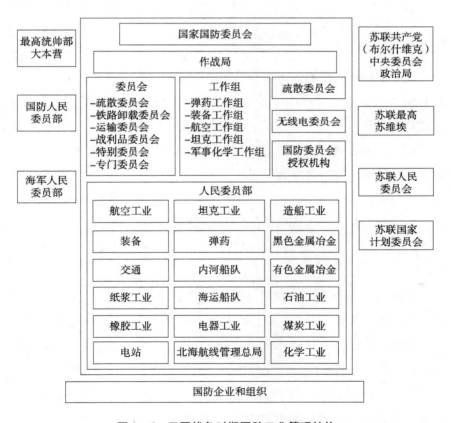

图1-6 卫国战争时期国防工业管理结构

国防委员会统管所有领域，可快速有效地解决国家管理和国防工业发展问题。因此，极大地提高了国防企业（造船业除外）产量，特别是提高了航空技术设备和弹药产量（见表1-6）[39,43]。

表1-6 国防工业生产力发展进程

年份	工厂数量				
	航空工业	武器装备工业	坦克工业	造船工业	弹药工业
1940	100	43		69	
1941	135				
1942	136		27	31	382
1943	147		26		1 108
1944	164	64	27	40	1 130
1945	171				1 124
1946	158				

战争结束后，就不再需要按照战时状态和规模开展国防企业工作。1945年5月26日，国防委员会通过《关于削减武器装备产量的工业改建措施》的决议，根据该决议，部分企业转为民品生产。

战后，苏联终止紧急状态，根据苏联最高苏维埃主席团1945年9月4日令，国防委员会也随即解散。此后，国家管理的主要职能集中于苏联人民委员会。

根据俄罗斯苏维埃联邦社会主义共和国最高苏维埃主席团1946年3月23日令，苏联人民委员会改组为苏联部长会议，人民委员部更名为"部"。

1946年，根据和平时期任务，对国防人民委员部进行了改组。弹药、迫击炮和坦克工业人民委员部被撤销；子弹、管筒—引信和炮弹工厂转归农机制造部，迫击炮武器人民委员部企业转归机械和仪器制造部，坦克和柴油机工厂转归交通机械制造部。1946年2月25日，海军人民委员会撤销，海军划归苏联武装力量人民委员部管辖。1946年，苏联武装力量人民委员部更名为"苏联武装力量部"，1950年2月25日，苏联武装力量部拆分为苏联军事部和苏联海军部，海军部于1953

年3月15日撤销。

苏联在战后继续制订专项计划。因此，根据《1946—1955年军用船舶十年计划》组织实施了舰船制造。上述计划由苏联人民委员会1945年11月27日批准，规划大规模舰船建造任务。根据规划，苏联造船工业部企业应开工建造5 570艘各级和各型船只，其中1 811艘为水面战舰和潜艇，3 759艘为辅助和民用船只。1954年，苏联造船工业部第402厂接受建造战后首艘战列舰任务。1951—1955年，共有18艘重型巡洋舰、16艘轻型巡洋舰、57艘驱逐舰领舰和93艘驱逐舰编入苏军战斗序列[44]。此外，苏联还计划建造40个海军基地[45]。

装甲和航空设备生产领域也制订了类似专项计划。

导弹和核武器是全新的战争兵器，全力以赴开发上述武器是苏联国内国防工业战后初期阶段的重要特征。

根据国防委员会1945年8月20日第9887号决议，建立了隶属于国防委员会的专门委员会（1号委员会），以统筹协调核武器研制工作。

专门委员会负责科研工作任务，主要涉及核能利用和苏联铀开采原料基地建设、苏联境外（保加利亚和捷克斯洛伐克）铀矿利用，铀加工和专业设备生产企业的组建，组织建造核能装置[46]。

根据国防委员会决议，苏联人民委员会于1945年8月30日通过了组建委员会下属第一总局的决议，该局主要负责建立本国核工业和指导核武器生产。

为研制火箭装备和组织科研实验工作，苏联部长会议根据1946年5月13日第1017-419cc号决议，组建了火箭技术设备专门委员会（2号委员会）。决议要求将火箭技术装备研发作为最重要的国家任务，责成各部门机构将火箭技术设备的相关任务作为首要任务。武器装备部系火箭装备研制生产的首脑部门，负责研制液体发动机导弹，农机制造部负责研制火药发动机导弹，航空工业部负责研制喷气式飞机和导弹。

上述部门为了完成任务，决定：

——在兵器部、农业机械制造部和电力工业部成立火箭技术装备总局；

——在苏联武装力量部成立总军械部火箭武器局和海军火箭武器局；

——在化学工业部、造船工业部和机械与仪器制造部成立火箭技术装备局；

——在苏联部长会议国家计划委员会基础上成立由国家计划委员会副主席领导的火箭技术装备处。

为组织建造雷达和电子技术装备，1946年苏联部长会议成立的雷达委员会（3号委员会）代替了1943年国防委员会成立的雷达委员会。通信设备工业部成立于1946年6月28日，涵盖了苏联的主要雷达企业。1946年7月10日，苏联部长会议通过关于"雷达问题"的第1529－678cc号决议，决议明确1946—1950年五年间最重要的任务是建造雷达和电子技术装备。

1946年7月10日通过决议，明确生产雷达技术装备的主要部门有：

——通信设备工业部（地面探测站和雷达导航系统）；

——兵器部（野战炮和高射炮地面火控站）；

——农业机械制造部（炮弹、导弹和航空炸弹的雷达无触点引信）；

——航空工业部（飞机雷达系统）；

——造船工业部（海军雷达站）。

雷达技术装备设计和生产均由苏联部长会议雷达委员会统一领导。

更加注重规划国防工业发展前景，依靠最新科技成果保障技术改造，引进国内外先进技术工艺和生产经验。

1947年12月，联共（布）和苏联部长会议联合通过关于《改造苏联国家计划委员会和成立苏联国民经济供应委员会（国家供应委员会）以及苏联国民经济新技术引进委员会（国家新技术委员会）的决议》。根据决议，苏联国家计划委员会的任务是提高计划效率。原国家计划委员会的物资技术保障职能转交给国家供应委员会，而国家新技术委员会的任务是加速引进新技术，对国家国民经济建设进行技术改造。

苏联国家计划委员会制订的1951—1955年苏联国民经济发展计划中，军事工业和特殊工业部门，每年所有种类的军事技术装备供应量都有大幅增加。同时，注重提高新型军事技术装备和战略原料产能，以及补充战后转向国民经济其他领域特别产能。

五年中，6个国防工业部门（航空工业部、兵器部、农业机械制造部、运输机械制造部、通信设备工业部、汽车拖拉机工业部）的军品产量平均增长2.5倍，而某些种类军事技术装备的增幅更大，尤其是雷达和装甲坦克技术装备产量增加4.5倍[45]。

为解决国家指挥作战问题，苏联部长会议于1946年3月通过关于成立部长会议局的决议。组建之初，所有部长会议副主席都加入到这一组织，由Л·П·贝利亚领导。

1947年2月，政府机构很快进行重组。部长会议局由И·В·斯大林领导，同时还成立了8个专业局（燃料和发电站局、农业局、机械制造局、冶金局等）。

机械制造和造船局从事的国防工业领域工作，由苏联武装力量部部长、苏联部长会议副主席Н·А·布尔加宁领导。

1950年2月，苏联武装力量部划分为苏联陆军部和海军部。

1950年4月7日，部长会议局改组为部长会议主席局。

1951年，Н·А·布尔加宁继续领导苏联国防工业。1951年2月6日，苏共（布）中央委员会政治局会议通过关于建立军工和军事事务局的决定。该局主要任务是协调国防各部门工作、制订和保障动员计划、领导创建新型武器工作。

军工和军事事务局更多的是行政性而非咨询性的管理职能部门。它不仅没有实权，也没有固定的行政机构。军事和工业范围的原则问题都由苏共（布）主席团和苏联部长会议研究和决定。

1946—1952年的苏联国防工业指挥机构，见图1-7。

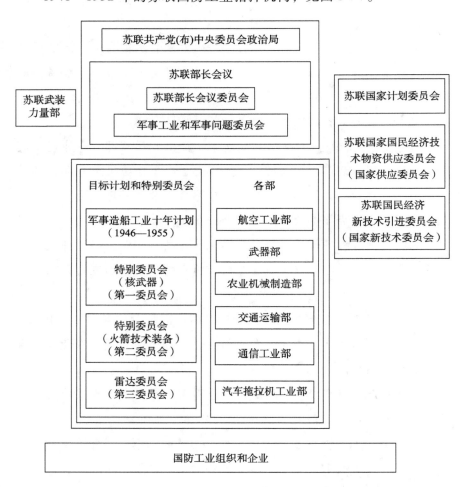

图1-7 国防工业管理机构（1946—1952年）

1952年10月，军工和军事事务局被撤销，很快1953年苏联部长会议各部局均被撤销。1953年3月，苏联陆军部和海军部合并为苏联国防部。

为代替被撤销的各部局，1953年6月组建了苏联部长会议国防工业处，1954年1月被撤销，取而代之的是成立了部分国防工业处。

这一时期，苏联部长会议局负责国防工业各部门的协调和统一领导。

20世纪50年代中期，苏联的经济指挥机构也发生了巨大的变化。

根据1954年苏共中央委员会和苏联部长会议决定，各部门和政府组织机构进行了重组，缩减管理编制。在46个苏联部门和政府机构中，共撤销200个总局和分局、147个托拉斯、93个地方局、898个供应组织、4 500个各种办事处和4 000个小型分支机构[47]。

1955年5月25日，苏联国家计划委员会重组。被拆分为两个机构：苏联部长会议经济委员会（国家经济委员会）和苏联部长会议国民经济发展计划委员会（国家计划委员会）。

1957年5月10日，苏联最高苏维埃通过《关于进一步完善工业和建设管理机构》的法令，根据该法令，部分工业和建设部门被撤销。国家经济委员会和苏联国家计划委员会合并为苏联部长会议国家计划委员会。同时，该法令还确定了国民经济地方管理原则。为管理工业，在每个经济行政区域成立了国民经济委员会，由苏联部长会议通过加盟共和国部长会议对国民经济委员会实施统一领导。

在军事工业中，集中管理方式只在最重要和技术密集型的工业领域予以保留。其中，航空工业部、国防工业部、造船工业部和雷达技术工业部保留了此类管理模式，目的是组织创建新型武器和战斗技术装备的科研和试验设计工作，组织批量生产。国民经济委员会的任务是：对国防企业中生产、经济和金融领域活动进行组织供应、合理协调和领导。

改革的结果是，国防企业有双重隶属关系：不仅受各部专业部门领导，也受地方国民经济委员会领导。这样的管理体制自然造成了企业管理效率低下，因此，1958 年初开始进行机构重组，部分苏联国防工业部门被撤销。取而代之的是，成立了苏联部长会议专业国家委员会。

新成立的苏联部长会议专业国家委员会主要职能是：组织和领导创建新型武器和战斗技术装备的科研和试验设计工作，并进行生产（见表 1-7）。

表 1-7

委员会	责任范围
航空技术委员会	创建和生产新型航空技术装备、带翼对空导弹、巡航导弹、"空对空"导弹及其指挥系统
国防技术委员会	创建和生产射击军械、弹药、装甲坦克技术装备，以及弹道导弹、战术导弹和坦克导弹部件及其指挥系统
造船委员会	创建和批量生产水面战斗舰艇和潜艇、水鱼雷武器、声呐设备，以及设计主要种类民用船只
无线电委员会	创建和生产雷达系统、军事通信系统、无线电剂量探测仪器、无线电导航仪器以及火箭武器指挥系统
电力技术委员会（自 1964 年起）	为计算机、超高频率电真空仪器、无线电零件和组件、半导体仪器、晶体谐振器和滤波器创建和生产微型模块和微型电路

委员会负责下列任务：

——根据苏联国防部要求，为保证国产技术装备超越国外，创建新型火箭和导弹技术装备及其他种类专业技术装备行业，明确主要发展方向；

——领导委员会下属所有科研机构；

——研究新型军事和专业技术装备，发展委员会下辖机构和企业的科研、试验设计和试验生产工作，与国家经济委员会下辖的国防企业和机构进行联合；

——为提高生产效率，与国家经济委员会进行联合，批量生产新型军事和专业技术装备；

——参与苏联国民经济发展计划中军事技术装备供货校验数字的研制工作。

根据1957年12月6日苏共中央委员会和苏联部长会议决议，由新成立的苏联部长会议主席团军工问题委员会负责协调国家委员会活动，以及苏联国防部和国家经济委员会间的相互关系。

该委员会机构涵盖苏联部长会议特别委员会，负责设计和生产导弹—核武器和军事无线电设备的领导工作。该委员会因此获得国防工业主要管理机构职能。

1950年年底，苏联形成了稳定的国防生产结构。所有产品生产目录共分为10类，见表1-8。

表1-8

类别	内容
喷气式可控和不可控武器	各用途弹道和巡航导弹，可控对空导弹，防空、反导弹，防人造地球卫星与军用航天器的综合武器系统，人造地球卫星和军用航天器，以及配可控和非可控火箭炮弹的飞机用、船用、沿岸和陆地综合系统
航空装备和武器	空中目标拦截航空系统，前线战斗机和歼击轰炸机，轰炸机、侦察、运输、登陆、特种飞机和直升机及发动机，浮空器
海军装备和武器	军用水面舰艇和潜艇，以及各类型各用途的鱼雷和水雷
装甲坦克车辆	坦克、自行火炮、装甲运输车及其特种车辆
火炮武器及弹药	装甲部队火炮系统、野战和高射火炮，以及配套弹药
枪械，机枪、枪榴弹筒及所配弹药	突击步枪，卡宾枪，手枪，各口径手持、坦克用和飞机用机枪系统，枪榴弹筒，以及配套弹药

续表

类别	内容
雷达与导航	雷达枢纽和站点，军队、防空手段，潜艇与水面舰艇编队兵力和武器自动化管理系统，以及识别装置、导航系统和站点、自主导航系统
工程装备设施	特种工程车辆、强行登陆渡河器材、舟桥纵列和轻便桥、移动电站
化学武器装备	化学战剂及其装备系统、化学防护装备（呼吸器、防毒面具、除气器）
运输汽车	军用货车和轻型汽车、轮式和履带式牵引车及专用底盘

И·С·西蒙诺夫认为，从事表1-8规定的产品目录生产的国防工业综合体中，已经明显形成了6类主要军品结构，这种结构有其历史的成因（以1962年9月1日为准）。

一、通用武器和弹药制造系统

该生产技术综合体由134家企业组成，其中包括16家弹药和枪械制造厂、12家光学机械厂、12家火炮制造厂、7家装甲坦克车辆制造厂、86家弹药构件制造厂。工人总数达70万人。

综合体企业拥有生产优质钢的自有冶金基地，设有工具、金属切削机床、工艺设备和装备制造车间，企业属于拥有"历史传统"典型的通用机械制造厂类型。

参与新型通用武器和弹药系统开发制造的有大约70家下设生产单位（试制工厂）的科研和设计机构，工人总数近27万人。

二、通用和专用航空设备制造

通用和专用航空设备样品的批量制造集中在28家企业，参与飞机发动机和喷气式发动机生产的企业有11家。

航空机电设备、导航和雷达装置，其中总成及组件的制造由55家企业负责完成，这些企业代表了国内航空工业的特殊部门——航空仪表制造业。特种结构材料制造（钛、铝、镁和难熔金属轧材）也成为航空工业的单独部门，典型代表为拥有完整冶金和金属加工链的8家企业。截至1962年1月1日，苏联从事通用和专用航空设备与技术开发的有下设生产单位（试制和批量制造厂）的15家科学研究院和68所特种设计局，共有工人约25万人。航空工业作为社会生产部门，从业总人数约为120万人。

三、军用水面舰艇和潜艇制造

该生产技术综合体由60家造船厂和船舶修理厂、32家船用和特种机械仪表制造厂、8家电气安装企业、31所科学研究院和设计局组成。船舶制造业人员总数为42.76万人。排水量超过万吨的大型"民用"和军用水面舰艇的制造集中在7家工厂和造船厂；专业从事排水量1 000～10 000吨海船制造的工厂和造船厂有14家；共有31家造船厂从事内河船和海运、河运汽艇生产。21家大型造船厂中，有8家已经部分或全面停产。

四、无线电军用技术设备制造

该生产技术综合体包括无线电、电子、电真空和半导体企业。从事军用技术设备无线电系统批量制造的企业共有256家，包括33家无线电零件制造厂、13家半导体器件制造厂、24家无线电收发报机制造厂、16家电视设备制造厂、8家接收放大电子管制造厂、6家电子示波管制造厂等。

从事新型无线电设备和技术开发的单位共有163家，包括科学研究院、试验设计局和试制工厂，从业人数约为107.9万人。1962年，上述生产技术综合体所出产的产品中，55%都具有军事用途。

五、火箭航天技术装备制造

从20世纪50年代中期开始，该生产技术综合体的主导企业从航空国防工业部系统中分离出来，协作企业事实上都并入行业各部门。

根据苏共中央委员会和苏联部长会议的指令，1955—1965年，在经济区域国民经济委员会和国家军事技术委员会系统，共改建、扩建和重建120家批量生产火箭武器和航天技术装备的工厂（不包括与其有合作关系的众多企业）。火箭航天工业的主要企业工业占地面积480万平方米，拥有金属切削设备5万余台，职工数量超过35万人。

该生产技术综合体下辖65家研制机构（试制工厂），包括科学研究院和试验设计机构，拥有科学家、设计师、工程师和熟练工人超过10万人。

六、核弹药和热核弹药制造

该生产技术综合体是新型社会生产部门——核工业的一部分，拥有从事原料开采、为核动力装置和核弹武器生产可裂变物质、废燃料加工、废燃料封隔及废物埋藏的下属企业。为确保放射安全并保守国家机密，核反应堆与核弹装配中心变成了所谓的"封闭的城市"，其中著名的有阿尔扎马斯16号区、车里雅宾斯克70号区、托木斯克7号区等。

据估计，20世纪60年代初核工业领域拥有的企业和机构超过100家，工人总数不少于100万人。

不包括核工业，1962年国防工业综合体内共有599家军品规模生产企业、367家试制工厂、科研和设计机构。工人总数达36.67万人，占据工业、教育、科学、文化和保健领域工人和雇员总人数不到5%[44]。

国防工业1957—1964年管理结构见图1-8。

国防工业综合体管理结构的进一步改革是同国家管理结构的改革同步进行的。

1965年9月，苏共中央委员会全体会议通过《有关优化工业管理、完善规划和加强工业生产经济刺激》的决议，根据决议，国民经济委员会被撤销，并恢复部门管理原则。

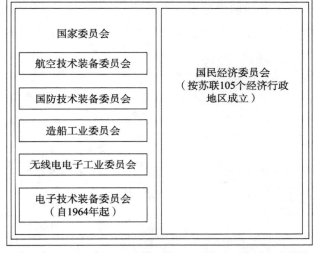

图 1-8 国防工业管理结构（1957—1964 年）

1965 年 3 月 2 日，全体会议前不久，根据苏联最高苏维埃主席团命令，各国防工业部门国家委员会转变为全联盟部，涉及行业包括航空、国防、造船、无线电、电子工业和通用机械制造业。同日,苏共中央委员会和部长会议通过 126-47 号《有关优化国防工业部门管理》决议。决议将新建各部的任务明确为优化国防工业部门管理、消除科研与生产的脱节、加快新型军事装备开发并实现量产、调整规划、提升产品质量、遴选和配置人员,以及增强保密制度。

1965 年国防工业结构调整后,20 世纪 70 年代初,苏联国防工业综合体内形成了清晰的一体化垂直管理系统,这一体系几乎一成不变地持续到 90 年代改革前(见图 1-9)。

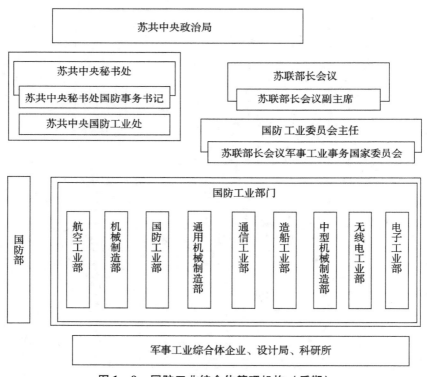

图 1-9　国防工业综合体管理机构(后期)

国防工业的上层管理者是国家军政首脑和军事工业委员会。直接管理者则是九个国防部门(即所谓的"九部"):航空工业部、机械制造部、国防工业部、通用机械制造部、通信工业部、无线电工业部、造船工业部、中型机械制造部和电子工业部。

军事工业委员会的主要任务是：

——组织协调现代化武器和军事技术装备的开发。

——协调国防工业部门及其他参与武器和军事装备研制的各部门工作；

——与苏联国家计划委员会共同保障国防工业部门的综合发展；

——提高武器和军事装备的生产技术水平、质量及可靠性；

——具体指导和监督国防工业部门活动，包括开发、生产及武器供应和军事装备，生产与行业内工资总额价值相等的日用品和其他民用产品，以及对其他工业部门上述事务进行监督；

——与苏联国家计划委员会和国防部共同制定武器规划、武器和军事装备五年和年度开发、制造及生产计划，并将这些文件提交审批；

——与国家计委、国防部和财政部协作，共同制定国家在相应规划周期内用于武器、军用和其他国防用特种装备开发制造的预算控制提案，并提交国防委员会审查；

——协调国防工业部门对外经济关系[48]。

该部门结构包括主要管理局、负责管理科研生产联合工厂的工作小组、企业、组织、科学研究所、设计局。

至20世纪80年代中期，军事工业委员会共有15个部门，主要从事武器和军事设备开发、各部生产活动与国防工业综合体整体经济效益分析、将科技成果和先进技术应用于生产，同国外开展军事技术合作[49]。

国防工业综合体的管理采用分级原则。由苏共中央委员会政治局制定原则，具体实施委托给苏联部长会议国家军工事务委员会（军事工业委员会），该委员会拥有必要的组织编制和行政职能，包括获得物力财力资源的有效授权。

如上文所述，除直接管理职能外，军工综合体还肩负着国防综合体科技发展前景规划和制定武器发展方案的任务。特别科学技术委员会负责武器和军事装备开发，以及国防工业部门发展相关的科技事务的提案。

军工综合体在制定决策和处理有关事务时，依照专用规划方案的相关原则行事。新型武器和军事装备开发、科学研究和试验设计，以及军事力量后勤保障有关的主要计划条例，均由委员会会议决定。根据分级管理原则，各下属单位、相关科研机构和生产企业负责依据上述条例制订科技和生产活动的具体计划。随后，所制订的计划将按照分级原则向上级提交，经过部门间初步协调后，再返回至军工综合体。尽管经过初步协调，这些提案仍时常带有部门特征，并未全面考虑大型项目实施的综合特点。在此情况下，各部门负责人负责各相关部门之间的利益协调。经反复协商后，最终决议案将提交苏共中央委员会国防工业部，并由该部负责批准前的最后修订。最后环节是形成决议立法，通常以苏共中央委员会和苏联部长会议联合命令的形式下发。随后，决议将下达给各执行部门。鉴于决议的对国家的重要性，协调过程均在严格保密的条件下进行。各级执行者只能了解其所担负工作所需的信息，而无法得知计划的全貌。

军工综合体和部长会议的工作特点是思考缜密、准备充分、系统性强。苏联国防和火箭航天工业知情人奥列格·德米特里耶夫·巴克兰诺夫回忆道："苏联部长会议工作组织有序，规定严格。周二——苏联部长会议大会，周三——军工综合体会议，周四——部务委员会，周五——俄罗斯国防部部务委员会。军工综合体部门通过与各部和综合体全体成员协调，提前一季度制定议事日程。包括 1～2 个未来军队建设的主要问题和 2～3 个目前需要解决的问题。前一问题的发言者通常为各部部长、总设计师和军工综合体其他成员，或是从其他部门邀请的负责人。所提解决方案事先与相关执行者协商，出现争议时，通过简短讨论做出决定，通常不会留下悬而未决的问题。这是一个'学校'。国家所有部门均必须执行军工综合体的决议。决议通过后，还会制定正式文件：《苏联部长会议军工综合体决议……》。决议的执行受到全程监控，必要时还会采取更多措施强化实施[50]。"

因此，20世纪80年代末就已经建立了运作良好的国内国防工业部门一体化垂直管理结构。该结构为苏联军事力量当前和未来的需求提供了充分保障。

国防工业综合体管理结构的进一步改革，是在90年代初期国家改革的政治进程影响下进行的。

1.5　1991—1999年国防工业综合体的结构改革

苏联解体后，军事政治模式发生变化，对国防工业综合体也带来了直接影响。苏联时期极度重视对国外威胁的防御，优先发展国防的思想也决定了苏联的资源配置战略。苏联解体后，政治领导层观念发生变化，削减国防规划战略成为必然。

根据新的优先顺序，不再需要集中国防工业综合体的力量和资源，相应地，也就不再需要国防工业的中央集权化管理。在国家政治领导层确定的私有化战略背景下，国防工业综合体开始解体。根据私有化战略，企业成为摆脱了其经济关系体系的独立个体。由于苏联时期企业之间所建立起来的结构关系效率低下，必须进行重组。改革方案亦针对上述结构体系而设计。重组手段必须依靠市场经济机制。

此外，关于国防工业综合体管理体系如何适应市场环境的问题亦被提到议事日程。苏联经济生产布局政策以结构领域原则为基础，多年来，传统经济关系、资金和物流均依据上述原则在顺畅运行。苏联时期规划生产布局时，主要考虑因素是最高效地利用已有材料和人力资源并节约运输成本。除上述国防工业综合体结构的通用原则外，最重要的布局原则是企业远离竞争对手的潜在威胁源原则和领域分配原则：不允许将同类型所有产品的生产集中在同一地区。市场经济体系中，生产关系的结构本质上是由别的因素所决定的，首先是金融和基础结构因素。所以，传统关系的破裂不曾也不会导致新型关系迅速形成。

在雪崩式解体过程中，企业自身结构是决定其优势的关键因素。通常，除基础生产外，企业还拥有大量的服务性单位、辅助生产及社会领域工程项目。国防企业还具有附加的城市建设功能。在私有化进程中，尤其在起步阶段，具有最大附加值的基础生产被分离出来，而服务性及辅助性的消耗单位则成为独立机构。因此，企业上下级关系遭到破坏，企业变得低效甚至亏损。导致资金流的重新配置，其中服务性单位和社会基础结构被相互剥离。

除私有化外，国防工业综合体的解体和无序转型也为国家做出了特殊贡献：同私有化一样，转型亦是国家政治领袖的指导思想。一项研究表明，苏联解体后，俄罗斯境内苏联时期国防工业综合体超过60%的企业和70%的科研机构被保存下来。俄罗斯军品年产量占苏联时期总产量的80%；科学研究和试验设计工作中，国防课题占苏联时期的89%；工业企业的固定资产价值是苏联时期的73%；科研所和设计院占苏联时期的89%；国防企业的从业人数是苏联时期的72%；科研院所的科研人员数量是苏联时期的84%[51]。研究人员认为，这些数据显示，俄罗斯承担了主要的国防订单。苏联解体后，俄罗斯境内现有的如此庞大且消耗极大的综合体是其向工业生产新型结构转型的主要障碍。尤其突出的是，虽然俄罗斯保存了苏联军事工业的主体，但是由于统一的国防工业综合体的解体，高度依赖协作关系的一些核心领域面临重重困难。

因此，苏联解体后，国防工业综合体的机构改革如同1917年十月革命后的局面，混乱无序、毫无规划。同时，在此情况下，国家权力机构做出的决定通常是为形势所迫，多是基于政治考虑，对实际问题的解决功效甚微。

刚刚建立的管理结构不是胎死腹中，就是早早夭折，权力管理职权往往完全无法适应新的组织结构（见图1-10）。

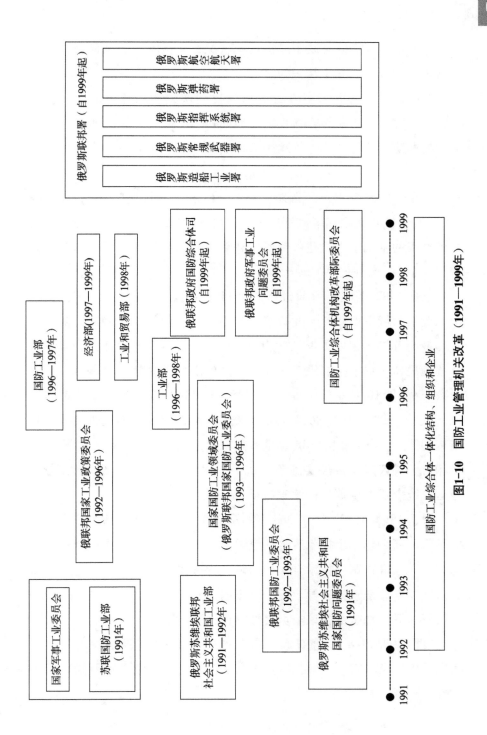

图1-10 国防工业管理机关改革（1991—1999年）

这种混乱局面既反映了经济现实状况，又反映了国家最高管理机构对国防建设前景基本认识的匮乏。

在此情况下，国家多方尝试以求找到摆脱体系危机的出路。但是，由于在国防工业综合体长远发展的目标上缺乏共识，所以也就无从重构国防工业综合体，管理决策体系的匮乏导致多方出击，但收效甚微。

于是，1991年开始了国防工业综合体改革，根据俄罗斯联邦总统《关于改组俄罗斯联邦国家管理中央机构的决定》，在全苏国防工业领域各部委的基础上，组建了俄罗斯联邦工业部和俄罗斯联邦国防事务国家委员会[52]。

根据1992年9月30日颁布的第1148号俄罗斯总统令，俄罗斯工业部改组为俄罗斯联邦工业政策国家委员会。但是这一时期，俄罗斯联邦最高苏维埃主席鲁斯兰·伊姆拉诺维奇·哈斯布拉托夫和俄罗斯总统鲍里斯·尼古拉耶维奇·叶利钦之间爆发了频繁政治争斗，从而导致1992年10月6日颁布的第3598-1号俄罗斯联邦最高苏维埃决议《关于1992年9月30日颁布的关于联邦行政权力中央机关体系和结构的第1147号和第1148号俄罗斯联邦总统令的决议》与总统令针锋相对，决议建议暂停实施该总统令。尽管存在最高苏维埃的阻挠，但是总统令仍然生效且持续实施至1996年。

根据1994年12月30日颁布的第2251号俄罗斯联邦总统令，成立了俄罗斯联邦军事技术政策国家委员会，主要职能是在俄罗斯联邦与其他国家进行军事技术合作的领域，保障维护俄罗斯的利益。委员会由俄罗斯总统直接领导。后来，根据1997年7月9日颁布的第710号俄罗斯联邦总统令，该委员会被撤销。

根据1996年8月14日颁布的第1177号俄罗斯联邦总统令，在被撤销的俄罗斯联邦工业政策国家委员会基础上，成立了俄罗斯联邦工业部。

根据俄罗斯联邦1993年9月10日颁布的第5709-1号令，此前成立的俄罗斯联邦国防工业领域委员会改组为俄罗斯联邦国防工业领域国家委员会。

根据1996年5月8日颁布的第686号俄罗斯联邦总统令《关于完善国防工业的国家管理》，俄罗斯联邦国防工业领域国家委员会改组为俄罗斯联邦国防工业部。俄罗斯联邦国防工业部的宗旨被明确为：在新的经济条件下实行统一的军事技术政策，协调武器及军事装备的研发和生产，实现军工生产的结构改造和转型。

俄罗斯联邦国防工业部运行了不到一年时间，根据第249号俄罗斯联邦总统《关于完善联邦行政权力机关结构的命令》，1997年3月17日，俄罗斯联邦国防工业部被撤销，其职能移交给俄罗斯联邦经济部和俄罗斯联邦通讯和信息国家委员会。

然而，当前的改革未能解决建立高效国防工业综合体的中央集中管理体系的现实问题。对该体系的客观需求，在国家杜马1997年4月2日颁布的第1279-Ⅱ号决议《根据1997年3月17日颁布的第249号俄罗斯联邦总统令，俄罗斯联邦联邦会议国家杜马"向俄罗斯联邦总统提请国防工业综合体管理方案"》中得以体现。决议表达了当前形势下对国家权力立法部门的担忧，并表示撤销俄罗斯联邦国防工业部意味着国防工业优势的丧失。该经济领域管理结构的缺失，将进一步加剧危机，损害已经形成的科学学派和干部培训体系，造成技术流失，必然导致混乱并给国防和国家安全造成无法弥补的损失。实际上，国防与安全及国防生产直属俄罗斯联邦管辖范畴。因此，客观上俄罗斯需要该领域联邦行政权力机关。决议还援引美利坚合众国的例子：美国也存在国防工业领域国家管理，且在不断完善这一机制。譬如，美国1995年建立了新型的专门联邦机构——高科技全国委员会。

通过对国防工业领域建立专门联邦行政权力机构的合理性的论

证，决议指出了行使下列主要职能的必要性：

——在武器和军事装备的开发、生产、维护、维修及使用的各阶段实施统一的军事技术政策，进行基础及实用科学研究和样品设计制造工作；

——参与制定与其他国家军事技术合作领域的统一的俄罗斯联邦政策，动员俄罗斯联邦经济转入战时状态，保存并保持国防工业领域及其技术基础的竞争力；

——组织实施武器与军事装备开发与生产领域的联邦专项规划和总体规划；

——推动军工企业开发高效高科技的民品生产；

——对国防工业联邦国家所有制企业实施管理。

随后，对国防工业情况与存在的问题进行了审核，联邦委员会1997年11月5日颁布决议，指出：依靠财政拨款完成的国防订单占总量的40%～50%。为俄罗斯联邦国防工业转型提供的拨款实际上约占1997年联邦预算规定总额的34%，而对科学技术研发的拨款则不超过5%。因此，国防企业缺乏组织生产和支付工资所必需的国防资金。财政资金的匮乏造成这些企业对非预算经费及能源费用的拖欠。一半企业处于濒临破产边缘。现阶段，俄罗斯联邦国防工业转型的后果，不仅产量下降而且造成许多高科技资源流失。

决议通过了向俄罗斯联邦总统和政府的建议：

——建立隶属于国防工业综合体机构改组部门委员会的重构国防工业地区性问题工作组，成员包括俄罗斯联邦各主要代表，以便继续研究俄罗斯联邦国防工业综合体重构方案设计；

——1998—2000年，加速国防工业重构和转型的联邦专项规划，保障1998年及以后若干年联邦预算案中必需资金的专项拨款；

——根据立法动议权，修改和完善《关于俄罗斯联邦国防工业转型》《关于工业金融集团》及《关于国家国防订单》等俄罗斯联邦法令，确保对国防工业重构和转型的政府支持[53]。

1998年4月13日，颁布了第60号联邦法令《关于俄罗斯联邦国防工业转型》。

1998年6月24日颁布的第625号俄罗斯联邦政府决议，确定了1998—2000年国防工业重构和转型的联邦专项规划，规划规定了国防工业综合体改革的主要目标、任务、阶段及方向，还明确了国家拨款的规模和机制。2000年12月30日颁布的第1034号政府决议，将规划有效期延长至2001年。

规划旨在制定良好的组织、财政和经济机制，以便在一体化进程的基础上，确保依靠有限的绩优企业集中开展国防生产工作。从而实现武装力量的技术升级，并将国防工业领域的高级军民两用技术用于国民经济领域。不难想象，在此形势下，企业将围绕转型这一主题展开工作。

要采取系统配套措施，为国防工业综合体企业提供如下国家支持：

——确定科学工业政策的优先发展领域；

——系统有效地开展基础立法；

——明确不断实施结构改组；实现研发和生产的多元化最佳体系；

——建立有效的国家推广和创新机制；

——最新情况表明，规划虽被寄予厚望，但却不了了之。

俄罗斯国家杜马工业、建设和高新技术工艺委员会主席尤里·德米特里耶维奇·马斯柳科夫[54]指出，1998—2000年国防工业重构和转型联邦专项规划实际上并未达到预定目标。国防工业综合体结构并未得到优化，为国防领域的变革和技术创新创造的条件不足。国防企业和组织的工人社会经济地位并未得到明显改善，缺乏落实规划必要的财政、组织机制。

上述问题的原因是：国家远未解决国防工业综合体企业的各种具体问题，综合体发展计划失衡，对单一领域框架内自主企业和机构生产计划的协调力度不够。在市场经济条件下，依靠法律调节国防工业综合体，漏洞百出，更加剧了俄罗斯国防工业综合体的工作难度。

1.6 1999—2004 年国防工业综合体结构改革

国防工业综合体最重要的结构性变化发生在 1999 年 5 月。为在联邦权力执行机构建立有效的结构，颁布了俄罗斯联邦总统令《关于俄联邦权力执行机构的结构》[55]。总统令决定，在俄罗斯经济部的基础上，成立俄罗斯航空航天局、俄罗斯弹药局、俄罗斯常规武器局、俄罗斯系统管理局和俄罗斯造船局（见图 1-11）。

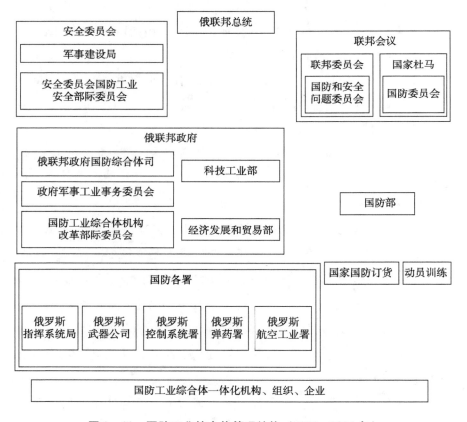

图 1-11 国防工业综合体管理结构（1999—2004 年）

多个国防机构的成立，在结构和法律层面确保了权力的下放。行业协会的模式备受推崇。人们预计，新成立的机构将在所属的国防工业综合体基础上成立数十个大型一体化垂直结构。当时，国防工业综合体1 500家企业中的约半数企业，都需要加入一体化结构。结构成型后，应能涵盖武器和军事装备从研发到生产的全过程。

单一制国有企业为实现这种一体化必须实行股份制改造。接着通过建立一体化结构，把母公司的控股权转交给国家。这时，再通过成立专门机构管理母公司。

依据2000年5月颁布的《关于俄联邦权力执行机构的结构》俄罗斯联邦总统令，成立了俄罗斯联邦工业、科学和技术部，该部从俄罗斯联邦经济部中脱离，转而行使国防工业综合体的职能，制定国家国防订单和经济动员准备的职能转交给新成立的俄罗斯联邦经济发展和贸易部[56]。

这样，俄罗斯联邦工业、科学和技术部被赋予在几大机构间充当协调者的职能，但这并不意味着其有权进行具体的管理决策。决策权仍归国防机构。俄罗斯联邦工业、科学与技术部在此方案中的协调作用意味着国家有意更加积极地参与到国防工业综合体的改革进程中。这亦符合副总理的意图，并且这些国防机构直接听命于副总理。

形势的进一步发展表明，在一体化概念方案付诸实践的过程中，出现了组织结构以及经济和法律方面的问题。在经济部向新成立的工业、科学和技术部移交国防工业综合体管理权的过程中，出现的主要问题集中在组织方面。同时，在组建上述机构自己的部门和相关干部人员队伍的过程中出现拖延，这一现象一直持续到2000年年初。经济方面的根本性问题是，如何对实施一体化设想的企业进行经济优化。从事出口合同生产且财政状况稳定的公司既无兴趣与效率低下的机构合作，亦不隶属于任何公司，企业重组将极大地限制这些公司的独立性，并导致其资金流的再分配。法律方面的问题是未经调整的监督权力框架阻碍了一体化进程，尤其突出的是，监督部门与企业在一体化问题上存在利益冲突。

国家从多个方面积极建立监督权力框架。2000年10月出台了《关于在俄联邦保障国防生产集中化和合理化的措施》。国防工业一体化结构建立后，取消了一些私有化方面的限制。这将优化其建立规程，并允许在国防工业中重新调整生产经营关系[57]。

需要指出的是，事实上，在国家试图进行国防工业综合体结构的改革过程中，现阶段的政策仅仅是东拼西凑的权宜之计，而非深思熟虑的战略规划。国防工业综合体各机构管理职能往往重叠或重复，各级部门设有不必要的决策中心。

如在1999年6月，俄罗斯联邦政府就军事工业问题成立了俄罗斯联邦政府委员会，负责协调各机构落实俄罗斯联邦军事技术政策、计划，并实现产品供应，保障国防和国家安全。依照俄罗斯联邦的决定，发展国防工业综合体。实际情况是，上述职能在2000年却被移交给了工业、科学和技术部[58]。

俄罗斯联邦政府确定了委员会成员名单。根据俄罗斯联邦政府2000年10月17日第137号令和俄罗斯联邦政府1999年9月7日第1011号令，委员会由下列人员组成：

3 俄罗斯国防工业综合体

卡西亚诺夫·М·М——俄罗斯联邦政府总理（委员会主席）；

克列班诺夫·И·И——俄罗斯联邦政府副总理（委员会副主席）；

库德林·А·Л——俄罗斯联邦政府副总理兼俄罗斯联邦财政部长（委员会副主席）；

阿达莫夫·Е·О——俄罗斯联邦原子能部部长；

加济祖林·Ф·Р——俄罗斯联邦资产关系部部长；

格列夫·Г·О——俄罗斯联邦经济发展和贸易部部长；

格里戈罗夫·С·И——俄罗斯联邦总统直属国家技术委员会主席；

东杜科夫·А·Н——俄罗斯联邦工业、科学与技术部部长；

坎托罗夫·В·Ф——俄罗斯联邦政府办公厅行政部主任；

克瓦什宁·А·В——武装力量总参谋长兼俄罗斯联邦国防部第一副部长；

科普捷夫·Ю·Н——俄罗斯航空航天局局长；

库杰琳娜·Л·К——俄罗斯联邦财政部副部长；

库沙利·М·Л——俄罗斯联邦边防局副局长；

拉韦罗夫·Н·П——俄罗斯科学院副院长（通过投票选举）；

马久辛·В·Г——俄罗斯联邦总统直属联邦政府通信与信息局局长；

米哈伊洛夫·В·А——俄罗斯联邦政府办公厅国防综合体主任（委员会执行秘书）；

米哈伊洛夫·Н·В——常务秘书兼俄罗斯国防部第一副部长；

莫斯科夫斯基·А·М——俄罗斯联邦安全会议副秘书（通过投票选举）；

涅列津·П·В——俄罗斯联邦内务部副部长；

尼古拉耶夫·А·И——国家杜马国防委员会主席（通过投票选举）；

诺兹德拉切夫·А·В——俄罗斯常规武器局公司总经理；

帕克·З·П——俄罗斯弹药局局长；

波斯佩洛夫·В·Я——俄罗斯造船局局长；

普罗尼切夫·В·Е——俄罗斯联邦安全局第一副局长；

列伊曼·Л·Д——俄罗斯联邦通信与信息部部长；

列诺夫·Э·Н——俄罗斯联邦司法部第一副部长；

谢尔盖耶夫·И·Д——俄罗斯联邦国防部部长；

西莫诺夫·В·В——俄罗斯系统管理局局长；

查连科·А·В——俄罗斯联邦总统专项计划总局局长；

沙波什尼科夫·Е·И——俄罗斯联邦总统助理（根据协议）；

谢尔巴科夫·А·А——常务秘书兼俄罗斯联邦对外情报局第一副局长[59,60]。

委员会人员构成以及俄罗斯联邦政府总理出任委员会主席的举措表明，委员会的成立是为了在国家委员会俄罗斯部长会议领导下，履行处理苏联军工综合体事务的类似职能。主要不同在于，新成立的委员会只是协调机构，并不直接干预国防工业综合体企业。

为提升国防工业综合体的改革效率，启动了联邦专项规划机制。联邦专项规划的实际效果与其初衷往往有差距，必须加以及时修正。1998—2000年，国防工业结构调整和转换的联邦专项规划并非圆满完成。随后，俄罗斯联邦决定制定《改革和发展国防工业综合体（2002—2006年）》联邦专项规划。俄罗斯联邦政府2001年10月11日发布第713号令[61]，批准了这一规划。由俄罗斯原工业科学部负责国家订货和调配改为由俄罗斯国防工业各机构及俄罗斯联邦原子能部负责国家订货。

该计划曾试图明确国家在国防工业综合体一体化结构建立上的总方针。根据军队建设任务，国防工业综合体改革的战略目标，是通过改革使国防工业综合体的面貌焕然一新。改革重组必须以2001—2010年国家武器计划的基本数据、预期的军事技术合作以及按要求必须维持的动员能力为基础。为国防工业综合体的可持续发展，以及研发和生产国内外市场具有竞争力的高科技军用和民用产品创造必要条件，成为政策优先考虑。

项目计划分两个阶段实施。

第一阶段（2002—2004年）：

——实施一系列措施，构建必要的监督法律框架，系统制定创建一体化结构的实施细则；

——优化国防工业综合体构成，明确其关键机构，实施一系列措施，系统性创建一体化结构；

——制定并实施一体化结构和部分关键机构的内部重组方案；

——通过各项措施的实施，强化国家对国防工业综合体活动的监督。

第二阶段（2005—2006年）：

——实施一系列措施，系统创建科学生产综合体，包括跨部门和跨国的科学生产综合体；

——继续优化国家控股的国防工业综合体一体化结构和关键机构。

该计划的实施，使科学生产综合体全面系统的一体化管理成为可能，从而形成新的国防工业综合体结构。

为协调参与该计划的权力机构，俄罗斯联邦政府决定2002年7月成立联邦专项规划实施委员会，委员会将履职至2004年[62]。

如同1998—2000年实施的联邦专项规划对国防工业的结构调整和职能转换一样，2002—2006年实施联邦专项规划也没有太令人失望。联邦专项规划第一阶段结束时，恰逢国家权力机构改组，这自然影响到联邦专项规划的效果。尽管如此，联邦专项规划的实施，为国防工业综合体集中管理奠定了基础。

国防工业一体化的工作业已完成。俄罗斯科学工业部2002年10月颁布了《关于在俄罗斯科学工业部组织开展建立国防工业委员会组织目录的工作》和《清点并形成国防工业综合体机构的汇编规划目录的指导建议》[63]的命令。

入围综合规划目录机构的主要标准是拥有负责保障国家国防订单，以及所有权、经营管理或独立的资产运营管理权，包括武器及军用和特种技术装备的生产设备和场所，并拥有高技术研发、生产、维修和加工人才的组织机构。

此外，该目录还囊括了根据俄罗斯联邦总统和俄罗斯联邦政府决议在国防工业综合体内创建的一体化领导机构（公司的管理机构）。

根据有关建议，2004年度国防工业综合体机构汇编目录涵盖了千余个国防工业机构。

国防工业综合体机构汇编目录后来又进行了修订，尤其在2007年12月，俄罗斯联邦生产和能源部颁布了《列入国防工业综合体机构汇编目录的机构目录》[64]。

创建国防工业综合体机构汇编目录是对国防工业综合体进行集中管理的重要举措。国家在立法层面确立了国防企业的特殊性。对列入国防工业综合体机构汇编目录的企业甚至规定了预防破产的特别措施。为此，2006年5月22日成立了政府委员会，以确保战略公司和机构以及国防工业综合体机构预防破产措施的落实。

此外，在联邦专项规划《改革和发展国防工业综合体（2002—2006年）》实施过程中的一项重要成果是，出台了创建国防工业综合体一体化结构的指导意见。

俄罗斯工业和能源部2004年8月发布《关于批准在国防工业综合体创建一体化结构的指导意见》令[65]，批准了上述指导意见。指导意见是为了保证联邦权力机构能够平等对待一体化结构，并首次从法律意义上明确了"一体化机构"这一术语。由于法律词条之前中没有该术语，影响了法律法规文件的编制。

有人提议，将一体化结构建设的组织提纲、俄罗斯联邦总统和俄罗斯联邦政府制定的关于建立一体化结构的相关法规程序，以及关于建立一体化结构的必要论述，作为国防工业综合体建设一体化结构的主要系统性章程。国防工业综合体建立一体化结构的主要内容包括：

——在组织和执行人具有稳定合作关系的情况下，实现经济一体化；

——保障俄罗斯联邦武装力量、其他部队、军事组织和机构对国产武器、军用和特种设备的现实需求；

——发展国防工业综合体一体化机构的金融服务，稳定经济，扩大俄罗斯联邦经济的出口潜力；

——提高产品竞争力。

有关部门在筹建国防工业综合体一体化结构的过程中采纳了上述建议。

根据联邦专项规划，负责监督国防工业综合体的政府部门作为国家订货方，而执行人则为综合体的下属企业，但不局限于国防工业综合体的改革计划。同时涵盖了一系列联邦专项规划：

——电子俄罗斯（2002—2010 年）

——消除俄罗斯联邦化学武器储备；

——2001—2005 年俄罗斯联邦航天计划；

——2002—2010 年及 2015 年前民用航空技术发展；

——全球导航系统；

——2000—2006 年俄罗斯核与核辐射安全。

由此不难看出，1999—2004 年，国家一直致力于优化国防工业综合体的管理，并制定了新的管理方案，其主要特点是建立多级管理系统而非设单一的决策中心和具有行政或财政权力的中心。

与此同时，通过国家一系列措施的实施，可以预见建立国防工业综合体集中管理系统的趋势。到了 2004 年，国家领导人显然意识到对各国防机构进行集中管理的重要性。因此，2004 年 3 月成立了由 Б·С·阿列申领导的联邦工业署。

1.7 国防工业综合体机构改革 2004—2007 年

2004 年 3 月，在联邦政府机构改革过程中，根据俄罗斯联邦总统令，建立了新的国防工业综合体管理机构（见图 1-12）[66]。

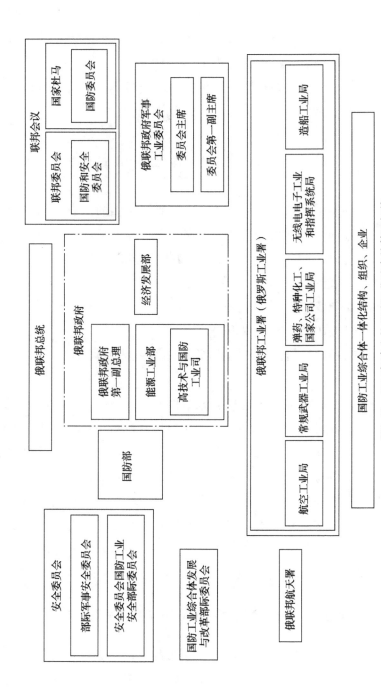

图1-12 2004年建立的国防工业综合体管理机构

通过严格的法律条文，重建的俄罗斯联邦工业和能源部承担了被撤销的工业、科学、技术和国防机构的部分职能。新建的联邦工业机构承担了部分法律赋予的职能，包括服务和管理被撤销的俄罗斯弹药、常规武器、管理系统和造船等机构，以及俄罗斯航空航天局部分遗留资产。俄罗斯联邦航天局近期又进行了改组。2004年8月，经济部的职能依然是负责经济动员准备。

此外，2004年12月，米哈伊尔·弗拉德科夫总理批准了关于军工问题政府委员会的新规定[67]。新旧规定的主要区别在于，旧条款中委员会的主要任务是制定俄罗斯联邦军事工业委员的发展建议，而新条款中委员会的主要任务除之前的协调联邦权力机构的工作、研究方案和实施武器装备和国防工业综合体发展的国家规划，以及国防领域联邦专项规划外，同时还包含协调处理军事技术设备和装备的研发、制造、供应、维修和有效利用等事务，以及军品和军民两用产品的进出口配套等一系列综合事务。

新规定显然强化了委员会在国防工业综合体改革中的作用。

由于管理系统发生变化，中央下达的指令性计划大为减少，集中管理军工综合体方面新的措施，打破了国防工业综合体内部已建成的一系列管理决策、资金流动和一体化联系。新管理机构职能的制度的酝酿出台历时半年以上。2005年2月，联邦工业机构《联邦工业机构组织部门关于临时条款的主张》令[68]，明确了俄罗斯工业管理局的职能和权力。根据上述法令，各部门应将有关所属企业业务所遵循的基本原则加以梳理，并提交给相关职能管理局。职能管理局拥有广泛的决策权，对联邦预算资金进行分配，对联邦国家单一制企业的工作效率进行分析及领导任命，根据私有化计划方案形成建议。各管理部门仅负责为机构工作提供信息咨询援助。

为解决重建主管部门所面对的问题，确保提高国防工业综合体管理效率和资源整合，建立了相应部门机构。

2004年12月，根据俄罗斯工业委员会主席Б·С·阿廖申的命令[69]，建立了俄罗斯工业机构协调委员会，以实施联邦专项规划。实际上，该机构替代了前联邦专项规划《国防工业综合体的改革与发展（2002—2006年）》执行委员会。建立协调委员会的主要任务是协调俄罗斯工业机构所属组织、部门及单位落实联邦专项规划。协调委员会实施了下列规划：《销毁俄罗斯联邦储备的化学武器》、2002—2006年《国家工艺基础规划》、《国防工业综合体的改革与发展规划（2002—2006年）》、《2002—2006年俄罗斯电子业规划》、《世界大洋规划》、《2002—2010年直至2015年俄罗斯民用航空技术发展规划》、《军事技术装备的优先发展方向（2005—2010年）》、《抵制滥用麻醉剂和毒品贸易的综合措施（2005—2010年）》和《全球卫星导航系统》。

协调委员会将参与主管部门鉴定委员会的组建并对其工作进行监督，在联邦专项规划框架下，就措施纲要和联邦专项规划框架下的科学研究、试验设计以及其他工作的优先顺序，向俄罗斯工业委员会提供建议，以及预算拨款的分配建议。

协调委员会直接听命于俄罗斯工业委员会主席（Б·С·阿廖申），这一安排再次彰显了协调委员会的重要性。所有俄罗斯工业委员会副主席均为协调委员会成员。此外，成员还包括俄罗斯工业机构下属企业和组织代表。

除协调委员会外，根据俄罗斯能源工业部令，成立了一个跨部门委员会，负责国防工业综合体的改革与发展事务[70]。根据2006—2010年俄罗斯联邦国家国防工业综合体发展规划，在国防工业综合体内建立一体化机构和国有企业，稳定国防工业综合体机构的财经状况，保持并发挥干部潜能。跨部门委员会由若干个工作组构成。

跨部门委员会的国防工业综合体改革和发展会议对各部门的发展战略进行了审理，上述战略最终成为国防工业综合体实施国家工业政策的基础文件。同时，与行业机构改革方案一样，鉴于某些行业的特殊性，出台的措施中，既有具有普遍意义的系统性措施，也有针对特殊行业特点的专门措施。

联邦专项规划《国防工业综合体改革和发展规划（2002—2006年）》的实施过程包括：第一阶段，对未能顺利完成建立一体化机构的单位，制订补救计划、计划措施、拨款安排和实施准备。同时，随之出台了2006—2015年国家武器装备的筹备规划，在此基础上对国防工业综合体发展规划进行研究。

尽管工作已经开始，但直到2005年，这些规划仍未落实，因此国家必须出面，直接干预国防工业综合体的结构恢复进程。国家操纵一体化进程的传统仍在继续。

2005年11月4日，根据俄罗斯总统决定，任命国防部长伊万诺夫为政府副主席（副总理），负责军队和军事工业综合体事务。2006年3月20日，颁发俄罗斯联邦第231号总统令《关于隶属俄罗斯联邦政府的军工委员会决议》，同样归伊万诺夫领导。

根据2006年5月7日俄罗斯联邦政府第278号决议——《关于确立隶属俄罗斯联邦政府的军工委员会的地位及其组成》，俄罗斯联邦政府军工委员会、俄联邦政府从1999年6月22日生效的第665号决议被废止。

根据总统令成立的军事工业委员会作为一个常设机构，负责联邦权力执行机构工作的组织和协调：

——制定国防领域军事技术保障方案、大纲和计划；确保国防利益、保证执法活动顺利进行、维护国家安全，负责对上述方案、大纲和计划的监督和执行；

——研发、制造和有效利用武器装备和专业技术设备；

——国家动员准备；

——发展国防工业综合体，发展科学技术；确保国防利益，保证执法活动顺利进行，维护国家安全；

——实现军用和军民两用产品的进出口供应。

军事工业委员被赋予广泛的权力：依据军事工业委员决议，对俄罗斯联邦政府的决议和命令进行分解和落实；军事工业委员还对武器装备和军事技术设备的研发和制造拥有快速决策权；联邦政府执行机构在履行职责时，必须遵守军事工业委员在其职权范围内做出的决议。

从行政角度上看来，军事工业委员拥有庞大的权力。其主席由俄罗斯联邦政府第一副总理任命，军事工业委员在其职权范围内，有权向俄罗斯联邦总统建议发布相关事务的总统命令和决议方案。另设一个新的国家职位——俄罗斯联邦政府军事工业委员第一副主席——俄联邦部长。

军事工业委员组成人员（根据 2007 年 4 月 7 日第 204 号俄联邦总统令，2006 年 6 月 30 日第 934-r 号俄联邦政府令，2006 年 7 月 8 日第 982-r 号俄联邦政府令，2006 年 8 月 24 日第 1177-r 号俄联邦政府令，2007 年 4 月 14 日第 447-r 号俄联邦政府令，2007 年 4 月 14 日第 450-r 号俄联邦政府令，2007 年 6 月 22 日第 804-r 号和 2007 年 12 月 20 日第 1864-r 号俄联邦政府令）：

伊万诺夫·С·Б——俄罗斯联邦第一副总理（军事工业委员会主席）。

俄罗斯联邦政府军事工业委员会常务委员：

普季林·В·Н——俄罗斯联邦政府军事工业委员会第一副主席；

谢尔久科夫·А·Э——俄罗斯联邦国防部长（军事工业委员会副主席）；

巴卢耶夫斯基·А·Э——俄罗斯联邦武装力量总参谋部部长兼第一国防副部长；

德米特里耶夫·В·Г——俄罗斯联邦政府科学技术委员会主席兼

军事工业委员会第一副主席；

博布雷舍夫·А·П——俄罗斯联邦政府军事工业委员会委员；

博罗夫科夫·И·В——俄罗斯联邦政府军事工业委员部门领导兼俄联邦政府部门副领导；

博奇卡列夫·О·И——俄罗斯联邦政府军事工业委员会委员；

库德林·А·Л——俄罗斯联邦财政部长；

雷恰金·М·И——俄罗斯联邦政府行政部门负责人；

莫伊谢耶夫·Н·Ф——俄罗斯联邦政府国防工业和尖端技术部门负责人；

纳比乌尔林纳·Э·С——俄罗斯联邦经济发展和贸易部部长；

波斯佩洛夫·В·Я——俄罗斯联邦政府军事工业委员会委员；

赫里斯坚科·В·Б——俄罗斯联邦工业和能源部部长。

俄罗斯联邦政府军事工业委员会委员：

别洛乌索夫·А·Р——俄罗斯联邦经济发展和贸易部副部长；

格里戈罗夫·С·И——俄罗斯联邦技术出口监督局；

杰姆琴科·Ю·К——俄罗斯对外情报局副局长；

坚尼索夫·А·В——俄罗斯国防供货局局长；

杜托夫·А·В——俄罗斯联邦工业署署长；

扎瓦尔津·В·М——俄罗斯联邦国家杜马国防委员会主席（通过投票选举）；

基里延科·С·В——俄罗斯联邦原子能署署长；

克利马申·Н·В——俄罗斯联邦安全局科技局局长；

克里沃拉波夫·А·Г——俄罗斯联邦安全委员会秘书助理；

拉韦罗夫·Н·П——俄罗斯科学院副院长（通过投票选举）；

马耶夫·С·А——俄罗斯国家国防订货局局长；

马卡罗夫·Н·Е——俄罗斯联邦武装力量装备部长兼国防部副部长；

曼图罗夫·Д·В——俄罗斯联邦工业和能源部副部长；
奥泽罗夫·В·А——俄罗斯联邦委员会国防和安全委员会主席；
佩尔明诺夫·А·Н——俄罗斯联邦航天署署长；
西卢安诺夫·А·Г——俄罗斯联邦财政部副部长；
苏霍多利斯基·М·И——俄罗斯联邦内务部副部长；
切梅佐夫·С·В——俄罗斯高科技工业产品发展、制造及出口公司"俄罗斯国家技术集团公司"总经理。

俄罗斯联邦军事工业委员会的优先工作任务是：

——恢复国防工业综合体的结构；协调其成员、内部团体间的关系；更新主要生产技术设备；注册并有效利用由国家资金取得的知识产权；

——及时履行有关装备部队现代化武器和军事技术的决议，确保生产武器短缺原材料和零件的战略需要；

——均衡处理问题，使国防和国家安全处于应有级别，在国家装备规划和国家国防订货框架下提供资金保障；

——在武装力量和各部门技术与后勤保障两系统的协调下，完善国家国防装备价格调节机制；

——执行俄罗斯联邦经济动员准备和形成国防订单。

2006年6月2日军事工业委员会的主要成效之一，是提出的2007—2015年国家装备发展规划（国家装备规划—2015）中涵盖了武器装备和军事技术的具体采购计划。2006年11月，俄罗斯联邦总统特别令批准了这项规划。在联邦专项规划框架下，《2007—2010年直至2015年间俄联邦国防工业综合体发展规划》制定了国防工业综合体工程技术设备更新措施及在国家装备规划下的新型武器、军事和特种技术设备产能扩容规划。

国家装备规划作为最重要的规划文件，宗旨是保持俄罗斯武装力量和其他部队的技术装备水平，维护国家主权和领土完整。

在制定2007—2015年国家装备规划时，首次对装备规划与保障国防和国家安全的专项规划进行了系统协调，包括国家国防工业和科学技术综合体的计划纲要，并首次实现了军事技术合作[71]。

随着联邦专项规划的执行，又出台了：

——2007—2011年《国家基础技术》联邦专项规划，包括《2005—2008年恢复生产战略物资、制造航空航天材料、发展俄罗斯特种冶金工业和精细化工规划》和《2007—2011年发展基础电子元器件规划》；

——《2002—2010年至2015年发展俄罗斯民用航空技术》联邦专项规划；

——《2006—2015年俄罗斯联邦航天规划》；

——《全球卫星导航系统》《2006—2015年发展俄罗斯航天器发射场》等联邦专项规划。

在上述联邦专项规划框架下，除国防工业现代化和恢复结构外，还更加重视发展国防工业综合体民用部门，强调增强民品的生产。

部门改革与发展战略

2015年的航空工业发展战略[72]：确保航空工业的发展对俄罗斯现阶段面临全国性经济问题有所帮助。即：

——要达到十年国内生产总值翻番的目标，就要加快增长速度（年增长率12%～15%），除国家对原料经济的宏观调控外，航空部门应确保对国民经济发展速度的独特贡献；

——保质保量地满足俄罗斯军事力量对最新航空军械方面的需求，并保持俄罗斯在全球军火市场的地位；

——《2008年俄罗斯联邦政府工作的主要方向》文件，指出了七大系统性问题，航空工业发展战略要解决其中两项系统性问题，即解决俄罗斯和世界先进国家之间的技术差距，克服科学技术研究水平低下的问题；解决俄罗斯企业创新积极性不高的问题，站在民族安全和竞争力的高度，发展俄罗斯高技术产业。

——把市场机制引入国家航空领域（发展私人—政府合作关系），除关系到国防与国家安全的相关限制性规定外，放宽市场准入限制，实现经济腾飞。

在新的发展战略框架下解决结构性问题，即解决国家航空工业规模与结构现阶段存在不相适应的问题，解决科技水平和产能与市场对民用与军用产品需要不相适应的问题。

结构不相适应，研发水平、生产以及航空技术市场化的滞后，致使生产和设计技术水平下降，造成固定资产浪费和大量人才流失，这一问题不仅表现为人员数量的下降，还体现为掌握现代设计能力和生产技能方面的不足，航空科学发展也存在类似问题。

航空工业发展战略的实施，要着力解决如下基本问题：

——在政府与私人合作关系框架内，明确清晰的和务实的产品政策，确保战略意图的实现；

——组建新的组织系统，发掘俄罗斯航空技术政策的市场潜力，吸引所需资源并加以管理；

——航空工业综合系统生产、设计和科学研究能力的现代化；

——规范航空设计领域国家规划和非规划性措施；

——修订法律，取消现有对发展方向方面的限制。

俄罗斯联邦政府2006年1月制定了《俄罗斯2015年火箭航天工业发展战略基本条例》[73]。

该条例的战略目标是，创建保障军事安全的现代火箭航天系统综合体，提高国内企业的产品和服务在世界火箭航天市场上的竞争力，保证火箭航空工业的科研能力。

目标之一是形成新型部门组织机构，创建10~11个纵横交错的一体化结构。成立多家创新联合公司，编制必要的火箭航天技术明细表，提供全方位的火箭航空服务，对尚未进入一体化结构的企业，也要改造成高效稳定且竞争力强的现代企业。

战略研究设计人员强调，火箭航空工业要保证航空业对俄罗斯联邦社会经济、科学和国防领域的作用与贡献。

与此同时，分析人士亦阐明了可能危及整个行业和局势的潜在风险。核心问题要确保国防、社会经济和科研领域火箭航天工业的安全，还有存在科技与生产能力下降的风险，以及包括传统部门（通信和导航、地表遥控探测技术）在内的国内企业与世界航空市场相脱节，行业人才流失、减员，生产和试验测试数据库存储介质的老化与数据陈旧等问题。

火箭航天工业发展战略的实施，保证了国内火箭航空业在世界航空市场上的竞争力：2008年火箭航空业产品预计比2004年增加1.8倍，到2015年，将增加2.8～3倍；2008年科研机构的成果比2004年增加1.7～1.9倍，预计2015年将超过3倍。

2007年1月，俄罗斯联邦工业和能源部确定2020年造船业发展战略及发展前景展望[74]。

此战略明确了主要原则和方向，保证了部门的有效动态发展符合俄罗斯联邦总统和俄罗斯联邦政府决议的共同思路。

战略实施将保证造船业对俄罗斯现阶段经济发展的广泛作用与贡献，需要解决的有关全民和国民经济的主要问题包括：

——提高国家防卫能力；

——提升造船业质量和竞争力，扩大知识密集型产品的高技术出口；

——消除同世界发达国家之间的科学技术方面的差距，确保企业固定资产必要的可再生水平，提高企业的创新积极性；

——在政府与私营企业的合作基础上（公私合作关系），形成新一代以市场为导向的业务结构；

——保证和扩大就业，提高工资和生产力水平；

——提高造船业对国内生产总值的贡献，工业生产速度十年增加两倍。

要依据下列文件规定的目的、目标、重点和指标，制定相应的战略目标：

——俄罗斯联邦总统令、政府决议以及其他有关造船业改革和发展的文件；

——2008—2010年俄罗斯联邦社会经济发展中期规划；

——俄罗斯联邦海洋规划；

——2010年俄罗斯联邦国防工业领域的基本政策及其发展前景；

——俄罗斯联邦总统颁布的2015年俄罗斯联邦基本军事工业政策及发展前景；

——2020年军事武器和专业技术基本发展方向及其前景；

——2007—2015年国家武器规划；

——2020年俄罗斯联邦能源战略；

——俄罗斯联邦交通运输战略。

为完成既定战略任务，规划分为三个时间段：近期目标——2009年，中期目标——2015年，远期目标——2030年。

每个阶段都有其特点、特定的目标、标准和资源保障。按照从简到繁的原则，逐步完成资源密集型以及目标周期较长的任务。一方面集中力量实现近期目标，同时兼顾长远目标和部门发展的基本方向和政策。

第一阶段（2007—2009）的基本目标——稳定形势，发挥部门优势。

第二阶段（2010—2015）基本目标——实现行业大规模现代化和技术改造，建立新的科学生产基地，建设21世纪最有前景的船舶业。启动大陆架和北方海洋通道项目。第二阶段要发展和掌握各类大型船舶的制造技术。显著扩大国内船舶制造业规模，国家必须拥有造船和海洋技术，包括创新技术手段，开发先进技术，勘探和开发俄罗斯大陆架和世界海洋矿产资源，提高船舶制造业高技术产品的出口。俄罗斯民间造船量应该提高到占世界的1.5%，到2015年，俄罗斯船舶产品年出口量应达到70亿~80亿美元。

第三阶段（2016—2030）基本目标——实现海军舰队，海洋、内河、内湖等水上舰队的复兴，本阶段应启动一系列建设项目，包括大吨位船舶的建造。

2007年8月，俄罗斯联邦工业和能源部批准通过了2025年俄罗斯无线电电子工业发展战略[75]。

战略目标和任务：

——无线电电子工业体系改革、政府管理与政府与私人合作伙伴的模式和机制优化。

——电子生产改革与技术改造。

——微电子元件行业间与行业设计中心和"晶字系统"网络开发。

——优先发展超高频固态和真空电子工艺与生产基础。

——优先发展实验设计局发射台的研发和生产。

——优先发展微技术系统。

——优先发展微电子系统。

——优先发展毫微级电子学。

——优先发展电子材料和结构。

——采取措施，提高行业市场竞争力。

——采取措施，完善现有法律，保障无线电电子工业发展战略的实施。

2007—2025年，分三个阶段实现该战略目标：第一阶段——2007—2011年；第二阶段——2012—2015年；第三阶段——2016—

2025 年。

主要措施：

——建立并完善系统设计中心、全国工艺品艺术设计中心网络以及行业设计编制与光刻版中心。

——推进超高频电子学生产研发、改革与技术改造。

——推动抗辐射实验设计局生产的研发、改革与技术改造。

——在智能传感器和半导体工艺基础上推进技术微系统的研发与建设。

——推动现有微电子生产企业改革，依据当前技术水平，建立新的微电子生产企业。

——发展基础工艺和光电子学、量子电子学及磁电子学仪器结构以及无源无线电电子元件结构。

——组建电子学及其系列生产机构新型高技术原料制造企业。

通过两种战略方案，促进国内电子行业发展：电子行业国家垄断和行业管理或公私合作关系，以国家利益为核心扩大各种形式的国际合作。

战略规划分析了两种行业发展方案。战略发展方案对实施战略管理的组织结构和水平具有显著影响。

选择第一种方案时，国家拥有决定国需产品生产目录的职权，同时也担负着确保产品目录正确性的责任。国家预算不仅支持半成品的基础研究与超前分析，还支持实验结构设计与生产筹备，同时也支持运营系统与批量产品后续使用。

防范电子行业危机的方法之一是集中国家与私人商业力量。主动与国外企业建立合作伙伴关系，因为外国企业和组织是这一领域的全球领导者，它们拥有生产模式与高效商业经营的必要技术和经验。因此该方案框架内的发展模式应以密切国家和私营部门间的合作关系为准则，包括国外企业和组织，并有效汇集国有资源，充分利用私人企业在电子行业资源方面的独特优势。

1.8 2007—2011年国防工业综合体结构改革

2007年俄罗斯联邦总统普京提出，集中国家资源实现国家统一发展战略，不仅政府从垂直领导方面，而且要从纵向发展方面进行调整，以配合战略化、设计、规划进程。

为实现这一战略目标，需要继续进行国防工业综合体结构改革。

2011年，这一战略目标取得了显著成效。特别是在联邦执行机构的体系和结构框架内，成立了国防工业综合体新型管理结构，受俄罗斯联邦工业和贸易部管辖。

国防工业综合体发展的法律和概念基础具有近期和远期规划。具体包括：

——2020年俄联邦发展国防工业综合体国家基本政策；

——2020年俄罗斯联邦国家安全战略；

——俄罗斯联邦军事理论；

——《2020年俄罗斯国防工业综合体发展规划》联邦专项规划；

——2020年俄罗斯联邦社会经济长期发展战略。

2011年在国防企业和机构新型结构的基础上，成立了国有联合企业和行业联合企业。

2007—2011年国防工业综合体机构改革进程的详细情况将在以后章节介绍。

第二章 俄罗斯国防工业一体化结构

2.1 国防工业综合体新型管理结构

2008年5月,俄罗斯开始国防工业综合体管理结构新一轮改革。当年,俄罗斯总统签署了确定联邦权力执行机构新型管理体系和结构的总统令[77],撤销俄联邦工业署,其职能转交给俄联邦工业和贸易部,同时决定俄联邦工业和贸易部代替俄联邦工业和能源部。

新成立的俄联邦工业和贸易部主要职能有:在工业和国防工业综合体领域履行国家政策制定和法规调节职能;在发展航空技术装备和技术调整、保障统一度量、国防科技和国家安全利益领域履行提供国家服务职能;并管理以下领域的国家资产:机械制造、冶金、化工、生物、电力、航空、造船、通信、无线电、弹药、特种化工、化工安全处理和常规武器等行业。

为实现俄联邦工业和贸易部在国防工业综合体领域的上述职能,在其机构内成立了航空工业局、常规武器弹药和特种化学工业局、无线电电子工业局、国防工业综合体发展局和造船工业和海洋技术局。(见图2-1)

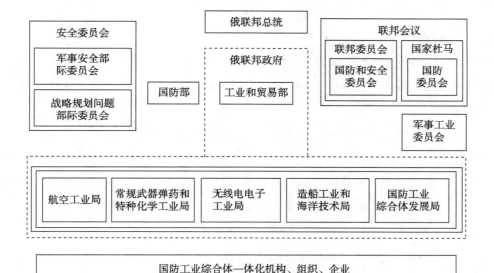

图 2-1 国防工业综合体新管理机构（2008 年）

成立俄联邦工业和贸易部科学技术委员会是保障国防工业综合体改革的科学理论研究及教育的重要举措，科学技术委员会还承担着国防工业综合体发展领域的各项任务（2008 年 12 月 30 日第 479 号令）。科学技术委员会的主要任务是：对国防工业综合体领域的国家政策方针提出科学论证建议，并对国防工业综合体领域的国家政策实施情况进行客观评估，为俄联邦工业和贸易部制定方案、目标、规划，提供信息分析和评估。

科学技术委员会主席团成员包括：

赫里斯坚科·В·Б——工业和贸易部部长（科学技术委员会主席）；

鲍里索夫·Ю·И——工业和贸易部副部长（科学技术委员会副主席）；

曼图罗夫·Д·В——工业和贸易部副部长（科学技术委员会副主席）；

阿尔秋霍夫·В·Г——"'中心'中央科学研究所"国家单一制企业经理；

巴布金·В·И——工业和贸易部航空工业局局长；

鲍里索夫·В·И——"星座"康采恩股份公司总经理（根据协议）；

韦尔巴·В·С——"贝加"康采恩股份公司总经理（根据协议）；

达维多夫·В·А——俄罗斯航天署署长—副主任（根据协议）；

热尔托夫·С·Ю——国家航空系统科学研究所国家单一制企业总经理；

卡布洛夫·Е·Н——全俄航空材料研究院国家单一制企业总经理；

卡缅斯基赫·И·М——国家（集团）公司俄罗斯原子能署副主任（根据协议）；

卡拉瓦耶夫·И·Е——工业和贸易部国防工业综合体发展局局长；

卡申·В·М——海上安全委员会国家单一制企业总经理；

克利亚奇科·Л·М——"库尔斯"中央科学研究所股份公司总经理（根据协议）；

科普捷夫·Ю·Н——"俄罗斯技术"国家（集团）公司科学技术委员会主席（根据协议）；

克拉斯尼科夫·Г·Я——分子电子学研究所和"微米"工厂股份公司总经理（根据协议）；

拉韦罗夫·Н·П——俄罗斯科学院副院长（根据协议）；

马雷赫·Н·А——"乌拉尔车辆制造厂"科学生产综合体股份公司总经理（根据达成的协议）；

米列欣·Ю·М——"联盟"联邦二元工艺中心国家单一制企业

总经理；

米纳耶夫·В·Н——工业和贸易部无线电电子工业局局长；

莫伊谢耶夫·Н·Ф——政府国防工业和高技术司司长（根据协议）；

帕申·В·М——"А·Н·克雷洛夫院士"中央科学研究所俄罗斯联邦国家单一制企业学术主任－经理；

佩舍霍诺夫·В·Т——"电气仪表"中央科学研究所国家单一制企业经理；

波波夫金·В·А——武装力量装备部长—国防部副部长（根据达成的协议）；

波塔波夫·А·В——工业和贸易部常规武器、弹药和特种化学工业司司长；

罗斯·В·Г——工业和贸易部企业管理和联邦目标计划局局长；

斯基炳·В·А——"П·И·巴拉诺夫"中央航空发动机制造研究院国家单一制企业总经理；

斯特鲁戈夫·Л·В——工业和贸易部造船工业和海洋技术司司长；

赫鲁诺夫·А·В——教育科学部副部长（根据协议）；

切尔内绍夫·С·Л——"Н·Е·茹科夫斯基"中央空气流体力学研究所国家单一制企业总经理；

丘拜斯·А·Б——"俄罗斯技术"国家（集团）总经理（根据协议）。

航空工业局

2008年8月，《航空工业局管理条例》获得批准。

根据该条例，航空工业局的任务包括：

——在航空科学、工业和航空技术装备领域，对国家政策制定和法规修改提供建议；

——研究并保障航空工业发展战略、联邦目标和部门计划的实施；

——研究并实施航空制造发展的国家支持性措施，包括航空技术装备进出口关税、非关税调节措施；

——研究并提出需要政府决策的联邦法规、俄联邦总统和政府法规和其他政府文件方案，以及需要航空工业局局长或分管该项事务的副局长决策的调度方案；

——在实验航空器领域，履行国家项目调节职能；

——颁发航空技术装备研制、生产、维修、试验许可证，包括两用型航空技术装备；

——保障科学试验、试验平台、生产基地的发展，为航空工业发展提供科学技术储备；

——组织航空工业企业参与完成国家武器计划、国防订货及同外国军事技术合作项目；

——在航空工业领域，履行政府服务和国有资产管理职能。

航空工业局职能包括：

——对俄罗斯联邦政府提出的联邦法案，俄罗斯联邦总统、政府和部门标准法律文件以及该领域相关文件的提案准备；

——对该领域日常事务的立法应用实践进行经验总结；

——对涉及航空工业部分的联邦目标、部门计划方案做提案准备；

——参与联邦预算的提案准备，进行航空工业领域的联邦目标和部门规划预算申请的提案准备；

——参与国家扶持投资的创新项目的技术鉴定，包括俄罗斯联邦投资基金支持的项目；

——组织实施航空技术装备的研制、生产和实验协调工作，包括质量、可靠性和生态问题在内的新型航空技术创建工作；

——制定和实施国家武器规划和国防订货；

——参与航空工业组织的认定，该组织不仅是军品的研制者和生产者，也是对外贸易合同的军品供应方；

——参与科学研究、试验设计和联邦基金扶持，以及为履行国家合同而成立的军民两用科技成果的政府决算；

——参与制定、协调和分配航空工业国防订单、外国军事技术合作项目，负责进口替代计划的提案准备工作；

——参与本系统业务领域的动员计划和保障动员训练；根据航空工业领域法规，制定（明确）航空工业司动员文件。

常规武器弹药和特种化学工业局

2008年8月《常规武器弹药和特种化学工业局管理条例》获得批准[79]。

根据该条例，常规武器弹药和特种化学工业局的任务包括：

——在常规武器弹药和特种化工业内，对国家政策制定、法规调整进行提案准备；

——本局业务范围内发展战略、联邦目标和部门规划的方案研究；

——确定本局业务范围内科技优先发展方向以及创新计划进行提案准备；

——对本局业务范围内的行业技术设备更新、技术工艺研发进行提案准备；

——对本局业务范围内的行业结构改革和企业政策进行提案准备；

常规武器弹药和特种化学工业局的职能包括：

——对本局业务范围内的行业状况进行分析和监控，并根据其发展趋势编制提案；

——参与联邦法案、俄罗斯联邦总统、政府和部门标准法律文件的编制；

——对本局业务范围内的基本业务方向进行提案准备；

——本局业务范围内，就吸引私人资本进行公私合营的重大投资，对编制国家扶持政策进行提案准备；

——保障联邦目标、部门规划和联邦专项投资项目的实施与管理；

——负责本局业务范围内国家扶持政策的落实，包括联邦预算支持的贴息贷款分配；

——对涉及本局业务范围内的年度财务与计划的预算方案进行提案准备；

——在本局业务范围内，对创建、重组和撤销联邦国家单一制企业、联邦国家企业和联邦国家机关进行提案准备；

——对本局业务范围内经济公司企业管理进行提案准备；

——对本局业务范围内的联邦国家单一制企业、股份有限公司的股份私有化，以及将其列入（排除）战略企业和股份公司名单进行提案准备；

——参与动员计划的制订并保障本部动员准备工作；根据业内标准法律文件，研究制定（明确）本局的动员文件；

——对国家危险品生产目录进行分类；

——对国家武器和国防订货项目规划，进行提案准备；

——本局业务范围内的企业，对纳入国防工业综合体组织的综合目录，进行提案准备；

无线电电子工业局

2008 年 8 月，《无线电电子工业局管理条例》获得批准[80]。

根据该条例，无线电电子工业局的任务包括：

——在电子工业、通讯工业和无线电业务领域内，对国家政策的制定和法规调整进行提案准备；

——研究制订本局业务领域的发展战略、联邦规划和部门目标方案；

——准备本局业务领域的科技创新及优先发展方向方案；

——准备本局业务领域的技术设备更新、技术工艺发展方案；

——准备本局业务领域结构改革和企业政策方案；

无线电电子工业局包括以下职能：

——分析和监控本局业务领域的工业发展状况，研究制定发展方案；

——参与联邦法案，俄罗斯联邦总统、政府和部门标准法律文件以及该领域活动范围内的其相关文件草案的修订，对本局工业经营活动的执法实践进行总结；

——实施本局工业活动领域内联邦目标、部门规划和联邦专项投资项目，以及在私人与国家合作条件下实现的投资规划，并对其进行监督；

——为本局工业领域内当前财政年度、计划时期的预算方案准备提案；

——根据公司章程和业务规划，为本局工业活动领域内联邦国家单一制企业和联邦国家（集团）公司的创建、重组和解体进行提案准备；

——为本局工业活动领域内的联邦国家单一制企业和联邦国家（集团）公司协商交易进行提案准备；

——为本局工业活动领域内经济公司的企业管理进行提案准备；

——为本局工业活动领域内联邦国家单一制企业、股份有限公司的股份私有化，以及将其列入（排除）战略企业和股份公司综合名单进行提案准备；

——参与本局及其业务领域的动员计划和保障动员训练；根据航空工业领域法规，研制（明确）航空工业司动员文件；

——为国家武器和国防订货规划进行提案准备；

——为使本局工业活动领域内的企业纳入国防工业综合体综合组织名单进行提案准备；

造船工业和海洋技术局

2008年8月，《造船工业和海洋技术局管理条例》获得批准[81]。

根据该条例，造船工业和海洋技术局的任务包括：

——在造船工业领域内，对国家政策指定和法规调节进行提案准备；

——为研究制定造船工业的发展战略、联邦目标和部门规划进行方案编制；

——在造船工业领域内，为明确科技和创新的优先发展方向进行提案准备；

——为造船工业机构和企业的技术设备更新和技术工艺发展进行提案准备；

——为造船工业机构和企业的结构改革及企业政策的制定进行提案准备；

造船工业和海洋技术局包括以下职能：

——对造船工业组织和企业状况进行分析和监控，并根据其发展研究准备提案；

——制定造船工业和海洋技术领域的联邦法规，俄罗斯联邦总统、政府和部门标准法律文件；

——为造船工业的主要业务方向进行提案准备；

——参与造船工业机构改革、国家管理效率提升等事务，包括一

体化联合管理系统完善的组织与方法文件的研究制定;

——为创建造船工业一体化结构进行提案准备;

——研究制定本部与造船工业一体化结构的相互关系原则;

——为造船工业组织和企业的公私合作、达成重要投资方案的国家扶持政策进行提案准备;

——在造船工业组织和企业,为联邦目标、部门规划和联邦专项投资项目的实施与管理提供保障,并落实与管理公私合作的投资计划;

——为造船工业组织和企业当前财务年度、计划时期的预算方案进行提案准备;

——为造船工业中的联邦国家单一制企业,联邦国家机关的创建、重组和撤销进行提案准备;

——对造船工业内股份有限公司的企业管理进行提案准备;

——对造船工业内的联邦国家单一制企业、股份有限公司的股份私有化,以及将其列入(排除)战略企业和股份公司名单进行提案准备;

——对保障造船工业股份有限公司完成俄罗斯联邦支配股票额的全部职能,促进生产发展、优化财经业务以及吸引投资进行提案准备;

——对国家武器和国防订货规划进行提案准备;

——为使造船工业组织和企业纳入国防工业综合体综合组织名单进行提案准备;

——对隶属于联邦国家单一制企业,研究制订主要经济指标和业务计划,并根据实际情况进行准备提案;

——参与动员规划,保障本部及其业务领域的动员训练;根据这一领域法规,研究制定(明确)造船工业和海上技术装备局的动员文件。

2.2 国防工业综合体发展的法律和理论基础

2007—2011年，国防工业综合体近期和中期发展前景的有关法律和理论基础形成雏形。主要包括：

——2020年俄罗斯联邦国防工业综合体发展的国家政策依据；

——2020年俄罗斯联邦国家安全战略；

——俄罗斯联邦军事理论；

——《2020年国防工业综合体发展》联邦专项规划；

——2020年俄罗斯联邦社会经济长期发展构想。

俄罗斯联邦总统于2010年3月19日批准了《2020年俄罗斯联邦国防工业综合体发展的国家基础政策》。

该文件由俄罗斯联邦工业和贸易部负责编写，同时国防部、"俄罗斯原子能"国家（集团）公司和其他专业部门也参与了起草工作。

该文件明确了国防工业综合体的发展目标、战略、任务和发展阶段[82]。

文件的主要目的在于构建国防工业综合体一体化垂直结构。

该文件的实施涉及1 729家企业，官方名单上所有企业都将被纳入国防工业综合体。

此外，当前体现国家工业政策的主要文件是国防工业综合体发展战略。在实施各领域结构改革构想时，在该领域框架内既要采用统一系统性措施，又要采取针对该领域具体发展特点的专业性措施。目前，该领域一系列战略规划已获批准且已在实施中[83]。

国防工业综合体中私人资本的引进，成为完善管理体系手段及创新发展的有利因素。为管理国防工业综合体一体化结构，需要吸引战略投资。国家在保留控股权的同时，也放弃了企业的部分股权。首次通过公开募股的方式，把外部投资吸引到国防工业综合体结构中[84]。

在国家安全保障领域，为凝聚俄罗斯联邦政府执行机构、俄罗斯联邦国家权力机构、组织和公民的力量，2009年8月，俄罗斯总统签署批准了《2020年俄罗斯联邦国家安全战略》[85]。

根据上述战略，国家安全保障领域最重要的任务之一，是俄罗斯联邦工业综合体的重组、优选和发展。该项任务的中期目标是使用现代武器和专业技术装备对俄罗斯联邦武装力量，其他军队、军事组织和机构提供全面和及时的保障。

俄罗斯联邦军事理论[86]认为，国防工业综合体的主要发展任务包括：保障自身高效运行，并成为国家经济发展的高技术多专业的组成部分，从而满足武装力量和其他军队在现代化武器及军事和专业技术装备上的需求，确保俄罗斯在世界高技术产品和服务市场上的战略地位。

国防工业综合体的发展任务是：

——创建和发展大型科研生产机构，在此基础上，完善国防工业综合体；

——在武器和军事技术装备研制、生产和维护领域，完善国家间的合作体系；

——根据国家武器发展规划，在战略和其他种类武器、军事和专业技术装备生产领域，保持俄罗斯技术工艺的独立性；

——使用国产成套产品和单元基础，完善物资原料供应体系，确保武器及军事和专业技术装备在整个寿命周期内的有效使用和生产；

——建立国防工业综合体的领先技术，确保在武器、军事和专业技术装备的研制和生产方面的领先优势；

——对国防工业综合体重要战略组织进行国家监管；

——创建、支持和推广军民两用的基础和关键技术，保障未来军用武器和军事专业技术装备的创新、生产和维护，同时为新型武器的研制、军事专业技术装备的技术进步，提前做好技术储备；

——完善国防工业综合体专项方案发展规划体系，提高武装力量

和其他军队武器和军事及专业技术装备的使用效率,为国防工业综合体的动员训练提供保障;

——研制和生产先进系统、武器和军事及专业技术装备,提高军品质量和竞争力;

——完善产品供应的订货分配机制,完成工作任务并提供联邦需求信息;

——落实联邦法律规定的国防订单完成者的经济奖励政策;

——实施有效的组织经济机制,促进国防工业综合体业务的发展;

——培训国防工业综合体内的管理人员,改善其知识结构,为国防工业综合体全体职工提供社会保障。

2020年《俄罗斯联邦社会经济长期发展构想》出台[87]。该"构想"对社会经济长远发展前景进行了规划:俄罗斯不仅要努力改善国防综合体,也要促进两用型技术的发展。

"构想"强调指出:当前高俄罗斯高科技经济体系(航空和宇航火箭业、造船业、无线电电子业)已经成形,并拥有重要的竞争优势,制定了一系列联邦国家长远战略规划,以及必要的金融扶持政策及相关综合措施,支持高科技经济体的发展。

航空工业领域的优先发展方向:

——实施"第五代歼击机"计划,研制新一代直升机、教练机和系列无人机;

——研制满足国防需要、商业需求的系列军用运输机;

——研究制定科技储备,建立和发展具有世界水平的未来航空技术装备生产的核心和基础科技工业。

在宇航火箭工业领域,国家政策的优先方向:

——完善现有入轨设备,研制新一代技术装备,改进现有运载火箭,研制新型运载火箭、助推装置和长寿命的航天卫星;

——完善地面指挥系统，确保研制和导航设备的量产。

该发展构想预计，到2015年，将成立3~4个大型俄罗斯宇航火箭公司，力争到2020年完全具备运载火箭技术装备发射、完成国家安全和国防任务的能力。

造船工业领域的国家政策目标：

——在发展科技潜力、优化生产能力、完成技术设备改造和更新的基础上，建立新型具有竞争力的造船工业。

无线电电子工业领域的优先发展方向：

——建立现代抗辐射电子元件、超高频电子设备、微电子设备、电子材料和结构及微系统技术装备的生产基地；

——创建未来技术、电子组件结构、通用部件和无线电电子设备装置的科技储备，为具有战略意义的俄罗斯产品生产提供保障；

——为俄罗斯无线电电子设备和电子组件战略基地系统提供保障。

2.3 建立国家（集团）公司和大型专业公司，提高现代国防工业综合体管理效率

为完成俄总统2007年下达的整合国家资源、实现统一的国家发展战略的任务，需要以垂直权力和水平权力的形式对战略、规划和计划过程进行整理和协调[88]。

为完成上述任务，要积极推进国防工业综合体机构改革，主要改革发展方向是创建国家（集团）公司和专业公司。

2011年3月16日，在题为"俄罗斯国防工业综合体总结和发展前景"新闻记者招待会上，俄罗斯联邦工业和贸易部国防工业综合体发展局局长 И·Е·卡拉瓦耶夫表示：2011年年初，国防工业综合体的发展已取得了显著成果。俄罗斯联邦工业和贸易部完成了国防工业综合体机构改革任务[89]。

И·Е·卡拉瓦耶夫表示：到当年年初，俄罗斯联邦工业和贸易部基本形成了国防企业和组织新型结构。该结构包括50个一体化结构，承担着60%的军品生产任务，涵盖航空、造船和无线电电子行业。

由此可见，当前阶段的国防工业综合体改革已告完成，完成了国家（集团）公司和大型专业公司的组建。

我们还将详细了解到上述机构的创建和发展过程是如何进行的。

需要强调的是：在法律地位上，虽然国家（集团）公司与大型专业公司有所区别，但却高度相似，二者都是高度复杂的一体化公司形式，拥有高度集中的管理机构。

例如，"俄罗斯技术"国家（集团）公司包含"国防工业"公司，而"国防工业"公司下设"俄罗斯直升机"控股公司，"俄罗斯直升机"控股公司又下设直升机制造公司，比如"卡莫夫"股份有限公司。

专业公司——"联合航空制造集团"股份有限公司机构复杂，公司下设"苏霍伊"航空控股公司，另设有纵向一体化的"伊尔库特"控股集团公司，"伊尔库特"飞机制造厂也是其附属公司之一。

国家（集团）公司和大型专业公司可视为统一项目组，完成相似的任务，在工作中需明确以下公司需遵守的统一标准：

——国家（集团）公司所属企业生产的最终成品，面向国内外市场；

——公司管理结构应完成在其创建之初确定的国家任务；

——公司结构复杂，其创建之初所确定的任务之一就是建立一体化结构；

——公司主要任务是解决未实现的投资计划和（或）按市场份额参与商业活动，对实际经济组成中的资产实施管理；公司管控重要资产，或对现实经济组成中的参与者施加影响；

——公司管理资产数额超过 10 亿美元；

——公司既非自然垄断企业，也非联邦网状分支机构。

从组织机构计划角度看，国家（集团）公司与大型专业公司基本相同，但从法律和财产角度，两者之间存在较大差异。

大型专业公司一般以股份有限公司的形式组建，完全按照相应法规运行。

国家（集团）公司组建的组织机构和经济意义在于，以该种管理组织形式管理国家财产更加方便和高效。以往的国家单一制企业管理实践中，在处理需高度一体化的大规模任务时表现出效率低下的特点。据预计国家（集团）公司凭借自身组织和地位特点，在市场经济条件下解决问题时，将具有更高的机动性和效率，因为国家（集团）公司有权吸引国内外贷款，获得担保及发行债券。

除其特殊地位外，国家（集团）公司还具有包括本领域创新改进在内的专项规划的特征。专项规划可以从国家预算中获得专项拨款。此外，还可以吸引预算外资金，在融资方面拥有的明显竞争优势。

《1999 年联邦第 140 号法律条文》明确了国家（集团）公司的概念的法律定义，并增补到《非商业性联合公司联邦法》中。依据财产缴纳及创建的实现社会管理或其他公益的职能，国家（集团）公司不具备经俄罗斯联邦批准的非商业性组织成员的资格。

根据法律，俄罗斯联邦国家（集团）公司转交出的资产仍归其自身所有。国家（集团）公司与俄罗斯联邦之间相互不承担义务。国家（集团）公司应利用资产来实现其创建时法律所规定的目标，并围绕该目标开展企业经营活动。国家（集团）公司法律地位的最显著特征是，集团是依据俄罗斯联邦专门法律而设立。俄罗斯联邦专门法明确规定了国家（集团）公司名称、业务目标、所在地、业务管理程序（包括管理机构及其组建程序、负责人任命和撤销任命程序）、国家（集团）公司重组和撤销程序以及公司撤销时资产分配程序。由单独法律规定的国家（集团）公司的组建，赋予了其特别的政治经济地位。此外，国家（集团）公司的负责人由俄罗斯联邦总统亲自任命。

按照国家（集团）公司严格的法律定义，可将其分为两个主要经营方向，国家（集团）公司的构建也是基于这两个经营方向。

国防工业综合体中的"俄罗斯原子能"和"俄罗斯技术"国家（集团）公司即依据方向之一而组建。此类公司的特征是将不同种类的资产合并到统一的体系机构中。

"俄罗斯纳米技术"集团是国家（集团）公司第二类建设方向的代表，《俄罗斯联邦预算法》规定，国家资金支出需要各级批准，所以该公司创建的目的是对具体的专项拨发预算资金的支出程序进行优化。国家（集团）公司可根据现实需要通过预付款及其支出获得预算专项资金，具有相当大的资金优势。

俄罗斯技术公司总经理谢尔盖·切梅佐夫认为："国防工业综合体中建立国家（集团）公司和国家控股公司绝不是什么灵丹妙药。国家经济的优势是投资成本可快速收回，并获得高额利润。有些私人企业愿意投入这一领域，而国家（集团）公司却不需要这样的私人投资。然而，在航空、造船、机械制造和其他部门等多个领域，收回投资成本以及实现盈利需要许多年，这就是国家（集团）公司和国家控股公司存在的必要性。我们没有其他更好的解决办法。没有所有资源的一体化，这些领域都将无法生存。为保持我国军用和民用产品在全球市场的地位，国防工业综合体企业就应该坚持独立自主的原则，与世界先进生产商一起竞争。同时不能忽视俄罗斯国内市场高质量商品的供应。"[93]

2009年，俄罗斯国家领导层对国家（集团）公司前景及法人地位的认识发生了巨大变化。

一般认为，由于国家（集团）公司组织和地位的特殊性，完成任务时更具机动性和高效性，市场经济条件下不会撤销国家（集团）

公司。

2009年10月，俄罗斯联邦总统在年度联邦国情咨文中表示：总体来说，国家（集团）公司在当今条件下是没有发展前景的。总统认为，国家（集团）公司具有法律规定的临时工作框架，在完成其任务后应予以撤销；而那些在商业和竞争环境下运行的公司，应该逐渐改革成国家管控的股份公司。今后，这些公司或保留到国家需要的机构中，或交由私人投资经营[94]。

经济发展部企业管理部门负责人И·奥斯科尔科夫延伸了上述观点，他于2010年12月表示："在分析国家（集团）公司业务时，发现了奇怪的规律性，即所有国家（集团）公司的建立都是为了达到完全合理的目标，可不明白为什么在没有组建国家（集团）公司时，这些目标就不能完成。现在，每个国家（集团）公司实质上都是在逃避规则，在其业务运营过程中均不遵守预算法、税法、国家收购法、破产法和非商业组织法规定的独立标准。[95]"

2010年2月，俄罗斯联邦经济发展部部长Э·С·纳比乌林向俄罗斯联邦政府总理В·В·普京递交提案，建议将所有与专业部门和国家（集团）公司相关的国家（集团）公司进行改组或撤销[96]。

提案强调，国家（集团）公司法律组织形式的运行必须以权力及职能执行为前提，在现有法律组织形式及一般法律规定以外，这些职能和权力是无法实现的，并且不相互兼容。

强调对国家（集团）公司依法规定：

——与其他法人的公司管理机制、管理组织结构及其任命和职权划分程序加以区分；

——预算法、税法、破产法、国家收购法和系列民法中规定的情况除外；

——在下列情况下，委以调整法律规范职能或与政府机构权力相关（军事技术合作、原子能使用管理、国家财产管理）的职能。

依据国家（集团）公司规定目标及所通过的研究战略，建议对"国家技术"和"俄罗斯原子能"国家（集团）公司进行改革。

在对这些国家（集团）公司的改革过程中，拟将经营活动的功能转到子经济公司。在过渡期间，国家（集团）公司在法律组织形式仍具有上述职能。

预计于2004年完成"俄罗斯技术"国家（集团）的改革，随后成立子控股公司，出售非专业资产，"俄罗斯技术"国家（集团）改组为股份公司。

该提案也谈及提高国家控股的股份公司管理效率，尤其是大型专业公司业务效益等问题。

例如，建议这些公司增加信息公开性和管理机关活动透明度，强化大型业务交易和利益交易程序，听取行业经理意见和建议，根据行业经理意见和建议组建战略规划委员会。

为解决上述问题，2011年1月俄罗斯联邦总统签署出台了专项联邦法律[97]。

新出台的专项联邦法律规定，国家（集团）年度会计报表应接受责任审计，审计机构将根据国家（集团）高级管理机关批准的项目展开审计。国家（集团）年度结算报告应包含有关完成公司业务战略的信息。政府有权对国家集团年度决算内容进行单独要求，包括投资活动。

政府还扩大了对国家集团的监督范围。非国家公务人员可以进入国家集团高级管理机构任职。政府有权规定政府官员和国家公务人员进入国家集团高级管理机构的程序。

依据俄罗斯联邦法律，俄罗斯联邦会计署有权对国家集团的业务活动进行监督。

法律规定，国家集团自有资金投资应遵循资产偿还、赢利、清偿原则。政府有权规定容许资产清单（投资客体）、国有公司临时闲置资金投资程序与条件、该资金的监管程序与机制。

目前,集团公司与大型行业集团的创建过程信息更加具体。

联合航空制造集团股份有限公司

根据2006年2月俄罗斯联邦总统特令,成立联合航空制造集团股份有限公司[98]。联合航空制造集团股份有限公司及其旗下产业的优先业务方向包括:民用和军用航空技术设备的研发、生产、销售、售后、保养和维护、升级改造、修理和回收利用。

2006年11月20日,"联合航空制造集团"股份有限公司以法人身份登记注册,由俄罗斯联邦组建,注册资本主要来自国家航空企业股份和"伊尔库特"科学生产集团股份有限公司的私人股东。拟于2008年结束联合航空制造集团公司的组建工作[99]。

联合航空制造集团股份有限公司的注册资本达967.2亿卢布,资金结构为:90.1%为俄罗斯联邦所有,9.9%来自私人股东。联合航空制造集团股份有限公司注册资本主要由航空制造业公司的俄罗斯联邦国有资本和私人股东提供,各方出资详情见表2–1[100]。

表2–1

出资企业	出资占比/%
"苏霍伊"航空控股股份有限公司	100
"图波列夫"股份有限公司	90.8
"伊留申"国家间航空制造股份有限公司	86
"金融租赁"股份有限公司	58
"伊尔库特"科学生产集团股份有限公司	38.2
"伊留申金融"股份有限公司	38
下诺夫哥罗德"索科尔"航空制造股份有限公司	38
阿穆尔共青城加加林航空生产联合体股份有限公司	25.5
新西伯利亚契卡洛夫航空生产联合体股份有限公司	25.5
"航空出口"对外贸易联合体股份有限公司	15

根据俄罗斯联邦金融市场局2007年12月6日数据，联合航空制造集团股份有限公司在增发股票过程中，以非公开方式增发了普通记名凭证式股票8 246 603 100股，每股票面价值为1卢布。通过俄罗斯联邦财产管理署（俄财管署）以非公开方式配发有价证券，这对俄罗斯联邦是有益的。此次增发股票认购主要分为两种方式，一是总额达60.4亿卢布的货币资金，二是航空制造业公司的股份。获得的货币资金用于国家支持民用航空制造业的规划。

增发过程中，俄罗斯联邦将所持有的部分企业股权转让给联合航空制造集团股份有限公司作为注册资本，详情见表2-2。上述股权转让是俄罗斯联邦航空制造业资产合并过程的延续。股票增发结束后，联合航空制造集团股份有限公司的注册资本共计1 049.7亿卢布，而俄罗斯联邦所持份额达到注册资本的90.9%。

表2-2

企 业	股份/%
"伊留申金融"股份有限公司	5.61
"金融租赁"股份有限公司	13.04
"塔甘罗格航空"股份有限公司	51.00
"'航空出口'对外贸易联合体"股份有限公司	1.25

在随后的2008—2010年又进行了一系列的增发，增发结束后，联合航空制造集团股份有限公司的注册资本共计1 886.3亿卢布（以2010年12月27日资产情况为准）。

俄罗斯联邦所持份额达到注册资本的81.75%。

例如，俄罗斯联邦金融市场局于2008年9月18日登记的数据显示[101]，联合航空制造集团股份有限公司总共发行了5 309 734 513股记名凭证式股票，每股票面价值为1卢布。俄罗斯联邦财产管理署（俄财管署）以非公开方式配发有价证券有益于俄罗斯联邦。联合航空制造集团股份有限公司所发股票的认购方式为货币资金，其金额高达60亿卢布。

俄罗斯联邦金融市场局2009年8月18日登记的数据显示,联合航空制造集团股份有限公司增发了6 000 000 000股记名凭证式股票,每股面价值为1卢布。俄罗斯联邦财产管理署(俄财管署)以非公开方式配发有价证券有益于俄罗斯联邦。联合航空制造集团股份有限公司所发股票的认购方式为货币资金,其金额高达63亿卢布。

俄罗斯联邦金融市场局于2009年11月19日登记的数据显示,联合航空制造集团股份有限公司发行了15 325 020 492股记名凭证式股票,每股票面价值为1卢布。通过俄罗斯联邦财产管理署(俄财管署)、联合航空制造集团股份有限公司下属子公司及联营公司的非国有股东以非公开发行方式配发有价证券有益于俄罗斯联邦。联合航空制造集团股份有限公司对其下属子公司和联营公司股份的分配情况见表2-3。

表2-3

企　　业	股份/%
喀山市戈尔布诺夫航空生产联合体股份有限公司	100
俄罗斯"米格"飞机制造集团股份有限公司	100
金融租赁股份有限公司	36.49
塔甘罗格航空股份有限公司	36.12
下诺夫哥罗德"索科尔"航空制造股份有限公司	30.27
乌里扬诺夫斯克航星飞机生产封闭式股份公司	25.00
伊留申金融股份有限公司	17.31
沃罗涅日飞机制造股份有限公司	16.73
"联合航空制造集团—运输机"股份有限公司	14.07
雅科夫列夫实验设计局股份有限公司	6.66
伊留申航空综合体股份有限公司	5.99
别里耶夫塔甘罗格航空科学技术综合体股份有限公司	4.89

续表

企　　业	股份/%
"图波列夫"股份有限公司	4.71
"伊尔库特"科学生产集团股份有限公司	1.64
"苏霍伊"航空控股股份有限公司	1.15
苏霍伊实验设计局股份有限公司	0.93

下列企业认购联合航空制造集团股份有限公司配发的股票过程情况如下：

2010年，俄罗斯联邦金融市场局2010年5月13日登记的数据显示[102]，联合航空制造集团股份有限公司发行了43 000 000 000股记名凭证式股票，每股票面价值为1卢布。通过俄罗斯联邦财产管理署（俄财管署）、开发和对外经济银行以非公开发行方式配发有价证券，这对俄罗斯联邦是有益的。联合航空制造集团股份有限公司所发股票的认购方式为货币资金，其金额高达451.5亿卢布。根据俄罗斯联邦金融市场局2010年12月14日登记的数据显示，联合航空制造集团股份有限公司发行了14 027 554 493股记名凭证式股票，每股票面价值为1卢布。通过俄罗斯联邦财产管理署（俄财管署）和集团私人股东以非公开发行方式配发有价证券有益于俄罗斯联邦。联合航空制造集团股份有限公司所发股票的认购方式为货币资金，其金额高达140.3亿卢布。

在采取上述各项措施后，2011年1月前，联合航空制造集团股份有限公司结构具备了如图2-2所示形式。

在2009年11月19日召开的联合航空制造集团股份有限公司董事会上确立了联合航空制造集团股份有限公司结构调整的未来发展方向。该次会议通过了结构调整方案[103]。

在集团结构调整措施框架下，拟于2010—2012年完成集团结构（业务部门）的构建，向其移交相关资产并在业务部门范围内实现航空制造企业的局部一体化。业务部门的构建过程应遵循下列基本原则：

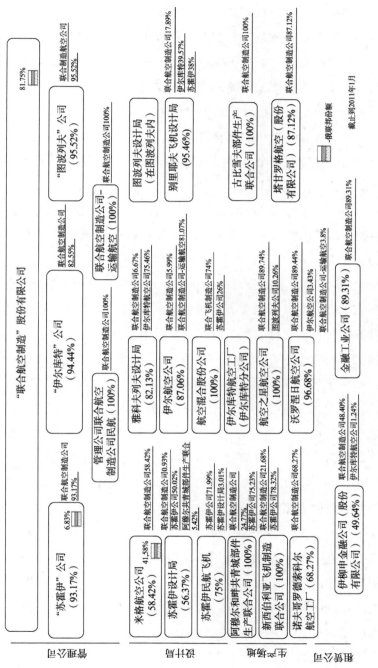

图2-2 联合航空制造股份有限公司的公司结构

——获得主要生产和研发公司的控股权；

——集团活动（改革）具有阶段性和可控性；

——保留国家对实施发展战略和优先业务方向的监控权，对联合航空制造集团股份有限公司的结构调整规划实施管理；

——将结构调整过程对产品规划的影响减至最小；

——将非核心资产和职能外包；

——维护联合航空制造集团股份有限公司股东和中小股东的共同利益；

——按照资本总额增长要求，将结构调整成本降至最低。

根据结构调整方案，在作战、商用及特种航空领域分别成立三个专门的业务部。

"联合航空制造集团公司—战斗机"业务部："联合航空制造集团公司—战斗机"业务部的业务范围包括前线航空领域多个项目：军事技术设备的研发、交付生产、量产及售后维修。

"联合航空制造集团公司—战斗机"业务部包括7个主要股份公司：苏霍伊股份有限公司、苏霍伊实验设计局股份有限公司、阿穆尔共青城加加林航空生产联合体股份有限公司、新西伯利亚契卡洛夫航空生产联合体股份有限公司、俄罗斯"米格"飞机制造集团股份有限公司、下诺夫哥罗德"索科尔"航空制造股份有限公司及旗下子公司（40多个），以及完成SSJ-100（苏霍伊超级100型客机）设计的苏霍伊民用飞机封闭式股份公司。2012年以后通过了一项单独决议，决议内容为：将SSJ-100设计移交给"联合航空制造集团—商用飞机"业务部管理并且改组苏霍伊民用飞机封闭式股份公司的股本结构。

该过程将成立由两个独立一体化结构组成的业务部门，包括分支机构和苏霍伊民用飞机封闭式股份公司，它们隶属于管理（母）公司。上述一体化结构：

——在苏霍伊股份有限公司和俄罗斯"米格"飞机制造集团股份有限公司的基础上，通过合并传统的"苏"和"米格"飞机专门实验设计局和量产厂而成立；

——提供全套军事航空技术设备研发、生产及售后维修服务；

——拥有专属的产品系列，且在工程技术和生产资源保障方面实现自给自足。

米哈伊尔·阿斯拉诺维奇·波戈相担任联合航空制造集团股份有限公司的作战航空业和计划协调第一副总裁，负责组建"联合航空制造集团—战斗机"业务部。

"联合航空制造集团公司—商用飞机"业务部："联合航空制造集团—商用飞机"业务部的工作目标为：将现有产品商业化，并将其投放到新型民用和航空运输业市场。

业务部整合范围包括："伊尔库特"集团股份有限公司、雅科夫列夫实验设计局股份有限公司、"伊尔"股份有限公司、沃罗涅日飞机制造股份有限公司、乌里扬诺夫斯克航星飞机生产封闭式股份公司、"联合航空制造集团—运输机"股份有限公司、"联合航空制造集团—民用飞机"管理有限责任公司及其30多个联营分公司。

之所以选择"伊尔库特"集团作为母公司，是因为该集团公司财政状况稳定，且在航空制造企业结构调整、发展生产力、支配经费及构建高效商业经营方面具有丰富的经验。

航空仪表制造联合财团商用航空股份有限公司前任副总裁奥列格·费奥罗维奇·杰姆切卡被授权组建"航空仪表制造联合财团—商用飞机"商务部门

"联合航空制造集团—特种飞机"业务部：特种航空器指全球范围内各种特殊的航空工程，包括战略和两栖航空技术设备以及专用飞机（空中指挥所和预警机等）的研制。

特种航空器的特点是：批量小，商业化程度低，生产研发主要着眼于国家订货。

"联合航空制造集团——特种飞机"业务部包括下列公司："图波列夫"股份有限公司、别里耶夫塔甘罗格航空科学技术综合体股份有限公司、塔甘罗格航空股份有限公司、喀山市戈尔布诺夫航空生产联合体股份有限公司、米亚西谢夫实验机械制造股份有限公司及其联营分公司。

亚历山大·彼得罗维奇·博布雷舍夫被任命为联合航空制造集团股份有限公司战略和特种航空业高级副总裁，负责组建"联合航空制造集团公—特种飞机"业务部。

联合航空制造集团股份有限公司组织结构

根据联合航空制造集团股份有限公司的工作目标和任务，考虑航空制造业组织生产经济活动的行业特点，建立组织结构时需要考虑下列基本要求：

——整合管理组织中的设计和职能原则（矩阵管理系统）；

——工作规划的管理相对独立（军用、民用及运输航空业）；

——整合集团对所有下属子公司的管理机制，在统一方法基础上建立综合财务报表系统；

——独立职能部门（安全部门、会计处、质量管理部门及一系列其他部门）中单个行政机构的直接隶属关系符合标准要求[103]。

董事会通过的组织结构（见图2-3）明确了联合航空制造集团股份有限公司所有各级独立部门权限范围内的职能、职权及责任的分配，并且明确规定了本公司高层负责人的职权分配。

根据该公司行政机关各级所采用的矩阵组织管理原则，规划和研发部第一副总裁和集团发展执政副总裁负责主要协调工作。设计单位和企业单位各部门分别由各自的副总裁直接领导。

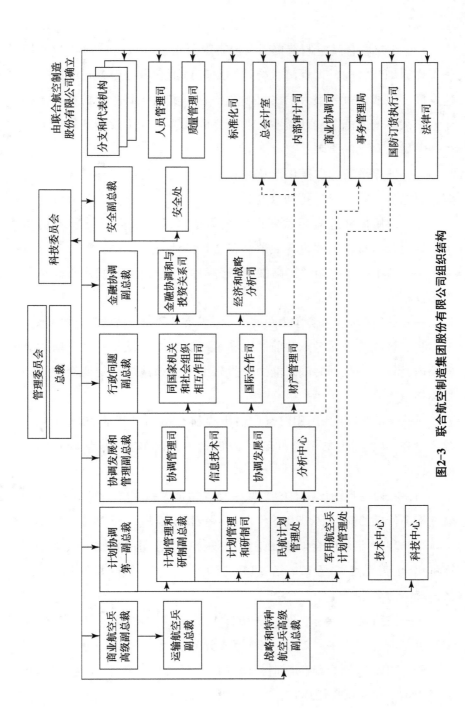

图2-3 联合航空制造集团股份有限公司组织结构

《2025年联合航空制造集团股份有限公司发展战略总则》[104]明确了工作原则和方向，即保障联合航空制造集团股份有限公司的高效快速发展，以成为世界最大的飞机制造中心，实现产品系列的更加多样化。该战略的实施应能使航空工业为完成俄罗斯现阶段经济发展的全国任务做出自己的贡献：

——工业增长的多样化以及国家经济发展速度的额外增长，尤其对原料结构而言，显得更加重要；

——保质保量地满足俄罗斯武装力量对最新航空武器装备的需求，同时保持俄罗斯在世界武器装备市场的地位；

——缩小技术差距并提高俄罗斯公司的科学技术研发水平和革新积极性；

——从国家安全和竞争力角度出发，发展俄罗斯经济的高科技领域。

制定该战略时须考虑此前民用和军用航空技术设备发展国家规划框架内所做出的规划时限、能力及投资方案。该战略规定要实现下列目标指数：

——到2025年，民用航空业占世界航空市场份额的10%（供应载客量在50座以上的干线和支线飞机），占国内航空市场份额的50%以上；

——在保持目前已占有的12%～15%的世界军用（包括军用运输）航空市场份额的前提下，2025年前进一步将份额增加至15%～16%；

——2015年前联合航空制造集团股份有限公司的总收入按年率计算从40亿美元增长至120亿～140亿美元，2025年前将增长至200亿～250亿美元；

——按照这一指标，2015—2025年将提高生产效率（劳动生产率）并达到世界水平（25万～30万美元）；

——2015前联合航空制造集团股份有限公司的资本总额从1 000亿卢布增长至4 000亿卢布，2025年前将达到1万亿卢布。

对于该战略，决策者指出，目前联合航空制造集团股份有限公司还不是全球市场强有力的竞争者。根据当前技术结构，主要有两大竞争方式：其一是将利基产品打入市场，确保专项市场的初始地位；其二是为新项目建立必要的经济基础，在互惠互利原则下凭借技术和方案来实施"追随者"战术。

为保持传统市场份额，须完成现有的设计和研发工作。当无法实施所有项目来保障商业经济效益时，则应仅保留资源能得到保证的设计。2008—2015年，联合航空制造集团股份有限公司应在国家支持下制定和实施建立关键技术的规划，以确保在2015—2025年生产出有竞争力的产品。成功的关键在于能否获得现代材料及其加工技术。

为实现商用飞机系列产品的战略发展，必须进行深层次的理论研究，在此过程中应确定未来飞机的形态。形态的确定受下列因素的影响：燃油价格的迅速上涨、生态环保要求的严格限制，以及来自其他类型运输工具的商业竞争。我们期待飞机构造和维护系统的根本变革以及新型飞行器的研制，因此应进行系统的研究。

联合航空制造集团股份有限公司的军用航空业战略目标是保障俄罗斯武装力量对未来新型航空技术设备的需求，增加俄罗斯联邦在军用航空全球市场的份额。为达到预定目标，必须确保：

——完全依据国内研发基础采取本土化生产方式，或与军事技术合作领域的战略合作伙伴开展联合研发，以此实现军用航空飞机的研发和批量生产；

——对第三方国家军用航空技术装备市场的占有率与美国和欧盟生产商持平，不涉及第三方国家同他国（军用航空技术设备生产商）的政治、军事业务。

在军用航空领域联合航空制造集团公司股份有限公司是全球市场强有力的竞争者，这点与其在民用航空领域的竞争地位有所不同。战斗航空器领域现有机型的主要客户，均奉行政治独立原则，在武器装备方面不依赖美国与欧盟的经济发达国家（中国、印度和许多其他国家）。同时俄罗斯的主要合作伙伴致力于建立自己的航空工业，这就要求俄方应具备适当的合作伙伴关系模式并保持技术领先地位。

为开发新一代技术，2008—2015年须完成已有设计和研发任务，以维持传统的市场份额。据预测，国家武器装备规划中所规定的采购新型航空技术设备的计划能保障向国外市场"按时供货"，并进而进军军用战斗机市场。

需注意的是，俄罗斯联邦副总理兼集团董事会主席谢尔盖·鲍里索维奇·伊万诺夫在2008年6月召开的俄罗斯联邦政府主席团会议上，对联合航空制造集团股份有限公司做出了积极评价，"苏联解体后，我们首先面临着集团产业能力满负荷的问题"。据谢尔盖·鲍里索维奇·伊万诺夫透露，2007年航空工业发展"成果丰硕：根据2007年产量和财务业绩，生产较上年增长了16.6%。总体而言，自1991年以来产量达到最佳绩效"[105]。

2008年中期，对联合航空制造集团股份有限公司做出这样正面的评价是客观的，也为联合航空制造集团股份有限公司后期的发展指明了方向。

2011年2月，在俄罗斯联邦政府副主席兼董事会主席谢尔盖·鲍里索维奇·伊万诺夫主持召开的集团董事会上，对2010年的集团运营状况进行了总结[102]：

——债务为1476亿卢布，下降6.4%；

——支线飞机苏霍伊超级100型客机实现量产；

——着手干线飞机图-204CM的飞行试验计划；

——注册资本增长至570.3亿卢布。

管理报表数据显示，联合航空制造集团股份有限公司2010年综合营收比2009年同比增长44.7%，共计约1650亿卢布。

2010年军品销售量增长36.0%，约为1170亿卢布。2010年商用飞机销售营收约 200 亿卢布，增长 60.0%。2009—2010 年，联合航空制造集团股份有限公司各企业签订的商用飞机订单总量，以及订货方根据已签订合同所支付的预付款，使集团各企业在民用航空领域营业收入显著增长。俄罗斯联邦与商用飞机客户为科学研究和试验设计工作提供的经费增加，占经费总额的 80.6%。2010 年科学研究和试验设计工作的总收益约为 280 亿卢布。

2010 年出口供货量比 2009 年的 690 亿卢布同比增长了三分之一以上，达 940 亿卢布。2010 年飞机与科学研究和试验设计工作在国内市场销售量增长显著，达到 710 亿卢布，增长 57.8%。国家订单及俄罗斯航空承运人和租赁公司履行的商用飞机供货合同是联合航空制造集团股份有限公司在国内市场销售量持续增长的主要原因。

根据 2010 年的总核算，联合航空制造集团股份有限公司的统一债务约为 1 476 亿卢布，下降 6.4%。由于 2010 年实施了航空制造业国家支持措施，联合航空制造集团股份有限公司的债务结构从本质上发生了改变——目前已签订合同所创造的收益足以保证偿还未来联合航空制造集团股份有限公司各企业的信贷总额。

联合航空制造集团股份有限公司 2009—2010 年综合财务报表见表 2-4。

表 2-4

百万卢布	2009 年	2010 年	同比变化率/%
营收	114 000	165 000	44.7
——军工产品	86 000	117 000	36.0
——民用产品	12 500	20 000	60.0
——科学研究和试验设计工作	15 500	28 000	80.6
——出口	69 000	94 000	36.2
——国内市场	45 000	71 000	57.8
债务	157 000	147 600	-6.4

联合造船集团股份有限公司

根据俄罗斯联邦总统专令，联合造船集团股份有限公司（OAO "OCK"）于 2007 年 3 月成立[106]。

成立联合造船集团股份有限公司，目的在于保持并增强国防工业综合体的科研生产潜力，保障国家安全和防御能力，通过整合智力、生产和金融资源，实施海军军舰和潜艇建造项目，发展民用造船业，开发大陆架和全球海运市场。

为适应 2020 年船舶建造工业发展战略，联合造船集团股份有限公司及其子公司确立了业务优先发展方向。即：开发、设计、生产、供货、售后服务、现代化改造、维修、有效利用军民用造船技术、为国家和其他客户的利益开发大陆架、推广造船领域的新工艺和新成果[107]。

联合造船集团公司下辖的子公司包括：西部船舶制造中心股份有限公司（位于圣彼得堡），北方船舶制造与维修中心股份有限公司（位于北德文斯克）以及远东船舶制造与维修中心股份有限公司（位于符拉迪沃斯托克）。截至 2010 年 10 月，联合造船集团股份有限公司的公司结构如图 2-4 所示[108]。

2010 年 8 月决定成立股份制子公司——南部船舶制造与维修中心。

2008 年年度工作总结介绍了联合造船集团股份有限公司的主要组建阶段[109]。

2007 年 3 月 21 日，俄总统签署第 394 号《关于联合造船集团股份有限公司》俄罗斯联邦总统令。该命令的签署意味着联合造船集团股份有限公司组建工作的开始。

2007 年 6 月 9 日，颁布了第 763 号俄罗斯联邦政府令，该法令详细规定了组建联合造船集团股份有限公司的程序，授权各部门和各级

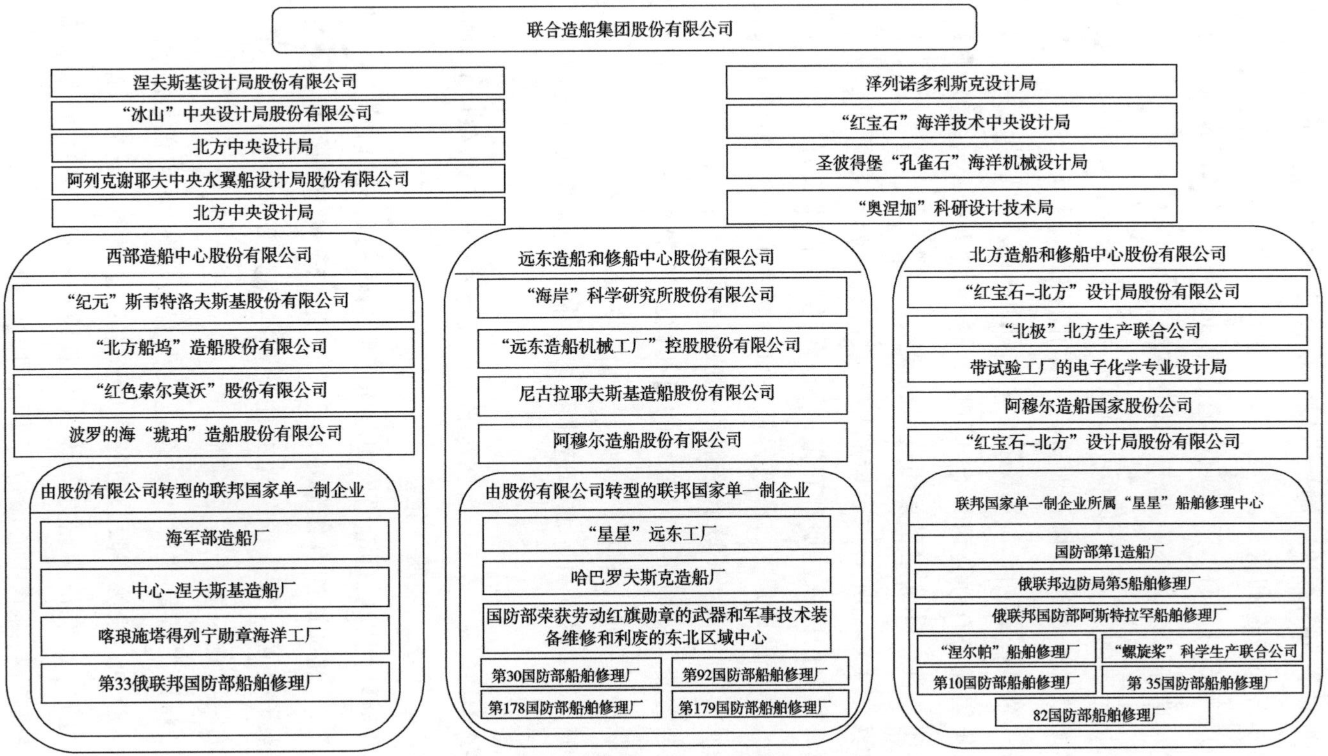

联合造船集团股份有限公司

- 泽列诺多利斯克设计局
  - "冰山"中央设计局股份有限公司
  - "红宝石"海洋技术中央设计局
  - 圣彼得堡"孔雀石"海洋机械设计局
  - "奥涅加"科研设计技术局
  - 北方中央设计局
- 涅夫斯基设计局股份有限公司
- "冰山"中央设计局股份有限公司
- 北方中央设计局
- 阿列克谢耶夫中央水翼船设计局股份有限公司
- 北方中央设计局

- 北方造船和修船中心股份有限公司
  - "红宝石-北方"设计局股份有限公司
  - "北极"北方生产联合公司
  - 带试验工厂的电子化学专业设计局
  - 阿穆尔造船国家股份公司
  - "红宝石-北方"设计局股份有限公司
  - 联邦国家单一制企业所属"星星"船舶修理中心
    - 国防部第1造船厂
    - 俄联邦边防局第5船舶修理厂
    - 俄联邦国防部阿斯特拉汗军船舶修理厂
    - "涅尔帕"船舶修理厂
    - "螺旋桨"科学生产联合公司
    - 第10国防部船舶修理厂
    - 第35国防部船舶修理厂
    - 82国防部船舶修理厂

- 远东造船和修船中心股份有限公司
  - "海岸"科学研究所股份有限公司
  - "远东造船机械厂"控股股份有限公司
  - 尼古拉夫斯基造船股份有限公司
  - 阿穆尔造船股份有限公司
  - 由股份有限公司转型的联邦国家单一制企业
    - "星星"远东工厂
    - 哈巴罗夫斯克造船厂
    - 国防部采购劳动红旗勋章的武器和军事技术装备维修和利废的东北区域中心
    - 第92国防部船舶修理厂
    - 第179国防部船舶修理厂
    - 第30国防部船舶修理厂
    - 第178国防部船舶修理厂

- 西部造船和修船中心股份有限公司
  - "红宝"斯韦特洛夫斯基股份有限公司
  - "北方船坞"造船股份有限公司
  - "红色索尔莫沃"股份有限公司
  - 波罗的海"琥珀"造船股份有限公司
  - 由股份有限公司转型的联邦国家单一制企业
    - 海军部造船厂
    - 中心"涅夫斯基造船厂"
    - 喀琅施塔得列宁勋章海洋工厂
    - 第33俄联邦国防部船舶修理厂

图2-4 联合造船集团股份有限公司的结构和组成

政府对联邦国有单一制企业以及联合造船集团公司下属企业进行股份制私有化改造和改革。

2007年6月9日,联邦政府通过第365号《关于政府委员会对俄罗斯联邦造船综合体企业进行一体化保障》的决议。

2007年6月20日,颁布联邦政府第799号令,政府委员会成员对俄罗斯联邦造船综合体企业进行一体化保障。

2007年11月8日,联邦资产管理局颁布第3452号《关于成立联合造船集团股份有限公司》令,同时,选举尤里·菲尔多维奇·亚罗夫为集团总裁,并确定了集团董事会成员。

2007年10月14日联合造船集团股份有限公司进行了法人注册,获得税务机关的国家注册和登记证明。俄罗斯联邦政府通过联邦资产持有的"涅瓦设计局"(圣彼得堡)60%的股份和2 500万卢布资金作为注册资本,成立了联合造船集团股份有限公司。

联合造船集团股份有限公司的最初注册资本为10.981 1亿卢布,俄罗斯联邦是其唯一股东。

2007年12月5日,北部造船和维修中心股份有限公司进行了法人注册登记。

2007年12月11日,西部造船中心及远东造船和维修中心股份有限公司进行了法人注册登记。

俄罗斯联邦以联合造船集团股份有限公司的名义创立了"西部造船中心"、"北部造船和维修中心"和"远东造船和维修中心"三家股份有限子公司。每家子公司的注册资本均为2 500万卢布。同时,联邦政府持有这三家子公司的所有权:

——将斯韦特雷"时代"企业股份有限公司99%的股份纳入西部船舶制造中心股份有限公司的注册资本;

——将"红宝石–北方"设计局股份有限公司99%的股份纳入北方船舶制造与维修中心股份有限公司的注册资本;

——将"岸"科学研究所股份有限公司99%的股份纳入远东船舶制造与维修中心股份有限公司的注册资本。

2007年12月28日，俄罗斯联邦副总理、政府办公厅主任谢尔盖·耶夫根耶维奇·纳雷什金担任联合造船集团股份有限公司的董事会主席一职。

2007年联邦单一制国有企业"星星"机械制造企业更名为联邦单一制国有企业"星星"船舶维修中心，并改组兼并了"环斑海豹"船舶制造厂、"螺丝"科学生产联合公司、第35船舶修理厂、俄罗斯国防部第一船舶制造厂、俄罗斯联邦边防局第五船舶修理厂和阿斯特拉罕船舶修理厂。

2008年1月至7月底，共计五个联邦单一制国有企业进行了股份制改革，其中包括"北极"北方联合制造厂、"奥涅加"科研设计局、东北劳动红旗勋章武器和军事装备维修与回收地区中心、泽列诺多尔斯克设计局、"北方机械制造企业"生产联合体。

2008年7月9日，年度股东大会选举了联合造船集团股份有限公司新一届董事会成员，同时，解除了Ю·Ф·亚罗夫的总裁职位，并选举弗拉基米尔·亚历山大洛维奇·帕哈莫夫为新任总裁。

2008年7月10日，俄罗斯联邦政府副总理伊戈尔·伊万诺维奇·谢钦被选举为联合造船集团股份有限公司董事会主席。

2008年9月11日联合造船集团股份有限公司在金融市场联邦管理局进行了非公开认购形式增发股票的注册登记。在此期间，俄罗斯联邦授权联邦资产管理局进行增发凭证式股票。增发股票共融得18亿卢布的资金。所获融资主要用于实施国产海运和河运船只的建造项目。

按照2007年3月21日发布的第394号俄罗斯联邦总统令和2007年6月9日发布的第763号俄罗斯联邦政府令，2008年7月至12月底，包括隶属于联合造船集团股份有限公司的企业在内的共14家联邦单一制国有企业完成了开放式股份制改造，其中包括：北方设计局、中央"金刚石"海洋设计局、中央"红宝石"海军装备设计局、圣彼得堡"孔雀石"海洋机械制造局、海军部船舶制造厂涅中船舶制造厂、第33船舶维修厂、"星星"船舶维修中心、哈巴罗夫斯克船舶制造厂、第92劳动红旗勋章船舶维修厂、第178劳动红旗勋章船舶维修厂和第179船舶维修厂。

依据2007年3月21日第394号俄罗斯联邦总统令和2007年6月9日第763号俄罗斯联邦政府令，截至2008年12月中旬，共19家股份公司进行了股票发行注册登记。

截至2008年年底，这些企业均完成了加入地区船舶制造中心和联合造船集团股份有限公司的全部准备工作。

在2008年成立联合造船集团股份有限公司的同时，将联邦资产所持有的各股份有限公司股额纳入联合造船集团股份有限公司注册资本的必要工作已准备就绪。

——联合造船集团股份有限公司：中央"冰山"设计局（24.49%）和"Р·Е·阿列克谢耶夫水翼船舶中央设计局"（14.99%）；

——西部船舶制造中心股份有限公司："北方"船舶制造厂（20.96%）、红色索尔莫沃船舶制造厂（33.53%）和波罗的海沿岸"琥珀"船舶制造厂（51%）；

——远东船舶制造与维修中心股份有限公司："远厂"控股公司（20%）、阿穆尔河畔尼古拉耶夫斯克船舶制造厂（10%）和阿穆尔船舶制造厂（20%）。

2008年12月16日西部船舶制造中心和远东船舶制造与维修中心进行了增发股票的注册登记。

2009年，注册资本规模扩大一倍。

起初，通过非公开形式发行普通记名凭证式股票来公开募集数百万卢布的股票。按规定发行的股票以股额形式支付非货币性资产：

——中央"冰山"设计局股份有限公司；

——阿列克谢耶夫水翼船舶中央设计局股份有限公司。

此后，通过发行普通记名凭证式股票，联合造船集团股份有限公司的注册资本立即扩大至1 140亿卢布。发行的股票以股额形式支付非货币性资产：

——北方设计局股份有限公司；

——中央"金刚石"海洋设计局股份有限公司；

——泽列诺多尔斯克设计局股份有限公司；

——中央"红宝石"海军装备设计局股份有限公司；

——圣彼得堡"孔雀石"海洋机械制造局股份有限公司；

——"奥涅加"科研设计局股份有限公司

——远东船舶制造与维修中心股份有限公司；

——北方船舶制造与维修中心股份有限公司；

——西部船舶制造中心股份有限公司。

联合造船集团股份有限公司的注册资本2010年1月1日已超过1 170亿卢布[110]。

2010年，联合造船集团股份有限公司的科研和生产潜力得到持续发展。根据俄罗斯联邦总统令，决定成立南方船舶制造与维修中心股份制子公司[111]。

为此，必须把联邦资产所持有的新罗西斯克船舶制造股份有限公司30.28%的股份、"莲花"船舶制造股份有限公司44%的股份、"卡尔·马克思"船舶制造股份有限公司25.5%的股份、图阿普谢船舶制造股份有限公司25.4%的股份、克里乌希船舶制造与维修股份有限公司25.5%的股份、萨姆西斯克船舶制造与维修股份有限公司25.5%的股份和下诺夫哥罗德内燃机船股份有限公司25.5%的股份纳入联合造船集团股份有限公司的注册资本。

从中期规划看，联合造船集团股份有限公司的发展前景和优先业务方向包括：

——优化联合造船集团股份有限公司子公司结构；

——推广统一的核算管理系统；

——完善货物、设备、材料和零部件、成品和通用设备采购系统。

——向后军工生产时代过渡；

——发展设计机构[112]。

优化联合造船集团股份有限公司结构的一个主要措施是成立军用和商用船舶联合订货中心，成立一个采购中心、若干个服务中心——国外办事处。

集团公司下属的子公司采用同一核算管理系统，有助于提高子公司的业务效率，提升生产和经营活动中的透明度。

完善采购系统能够显著降低成本，确保所购货物、设备、材料和零部件、成品和通用设备的质量并提升效率，还有助于消除腐败。

联合造船集团股份有限公司的结构和组成如图 2-4~图 2-6 所示。

2010 年 12 月，明确了联合造船集团股份有限公司目前的主要任务[113]。

俄罗斯联邦总统表示，维持并发展海洋实力是上述任务的目的。海洋实力包括全部军民用海洋舰船、确保这些舰船良好运行和发展的基础设施以及国家的海洋产业和海上军事行动。

为实现上述目标，需要解决俄罗斯目前所面临的执行俄罗斯联邦 2020 年海洋理念[114]中所描述的国家海洋政策的以下三方面的战略任务：

——研究、开发并利用海洋、大陆架和海底（勘测蕴藏量并开采石油和天然气，进行能源生产，维持并扩大水产资源开采规模）的自然（矿物和能源）资源。

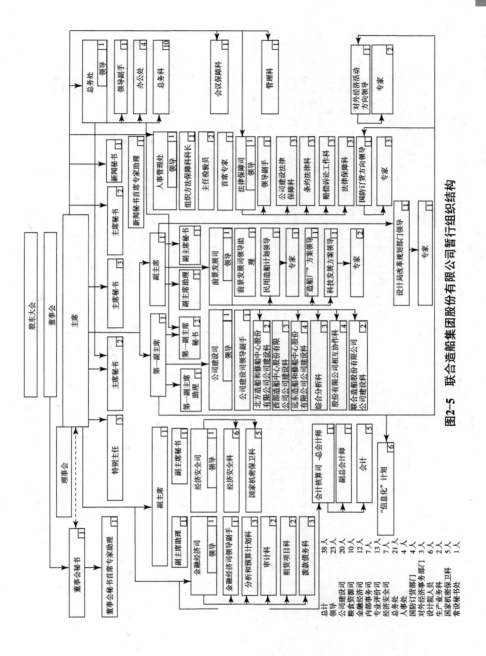

图2-5　联合造船集团股份有限公司暂行首行组织结构

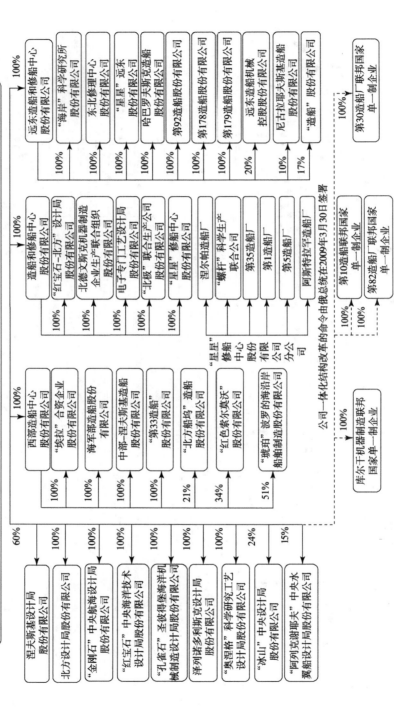

图2-6 联合造船集团股份有限公司暂行组织机构（以2010年9月14日为准）

——借助于海上运输开展国际贸易服务（超过 90% 的世界贸易通过海运进行）。

——确保内海、领海、专属经济区、俄罗斯联邦大陆架及其自然资源的安全（为了俄罗斯联邦的经济利益，在进行一体化开发并利用海洋空间的过程中，受到的来自各个国家和不同极端组织，如海盗或恐怖分子等威胁的概率将增大）。

实现上述战略任务需要拥有先进的海洋技术。

三项任务的实现要求技术研发机构满足三条控制要求：

——为大陆架和海底开发提出的工艺解决方案需具备的最重要特征是生产率、可靠性和生态安全。海上维修或事故会使成千上万人多年的努力付诸东流。

——建造商运船舶时，有效组织，保持建造和维修低成本尤为重要。造船和船舶经营资金以运费形式偿还。由于货运市场竞争激烈，船舶造价和质量竞争力成为船东——即我们的客户得以生存的关键。

——建造军舰时，最重要的是要找到适于军舰完成作战任务的最佳工艺解决方案。现代化军舰的质量要求具有完美的工艺和便捷的操控。实战条件下，只有简洁并经过考验的解决方案才是有效的方案。

"俄罗斯技术"国家集团

2007 年 11 月 9 日，俄联邦国家杜马通过了有关成立"俄罗斯技术"国家集团的联邦法案。2007 年 11 月 16 日，俄罗斯联邦委员会通过该法案[115]。

需特别指出的是，俄罗斯着力推出"国家企业"这一概念作为合法组织的形式："俄罗斯技术"国家集团即俄罗斯联邦以国家企业合法组织的形式成立的法人。该法案消除了对"一体化结构"的理解分歧，而现行法案不适用于新建的组建结构，因为该法律中不包含新建的合法组织形式。

成立国家集团的目的是，通过支持国内外市场中的俄罗斯企业（俄罗斯高科技工业产品的开发商和制造商），以及吸引投资商投资不同工业领域企业（包括俄罗斯国防工业体系），从而促进高科技工业产品的研发、生产和出口。

"俄罗斯技术"国家集团可以按以下几个步骤最终实现一体化结构：

依据俄联邦总统令，1993年11月成立俄罗斯武器进出口公司。该公司在俄罗斯国防出口公司对外经济联合公司、专用技术出口对外经济联合公司以及合作与协作总局的基础上成立，公司有权在俄联邦境内及国外成立代表处和分支机构，建立不同专业类型的联合公司或公司（运输公司、保险公司、有价证券公司、投资公司、销售公司、中介公司、租赁公司以及信托公司），包括外资公司。此外，该公司还有权吸纳国外经纪公司或其他公司为签订对外贸合同提供服务。

1997年8月，依据俄罗斯联邦总统令，成立了俄罗斯联邦国家单一制企业"俄罗斯技术"国家集团（俄罗斯技术）[116]。"俄罗斯技术"国家集团的名称也由此而来。该法令还明确规定，"俄罗斯技术"国家集团、俄罗斯武器公司以及俄罗斯工业出口总公司共同组成俄罗斯军品进出口国家中介公司。

2000年4月，依据俄罗斯联邦总统令，"俄罗斯技术"国家集团并入俄罗斯工业出口总公司。[117]

2000年10月，在俄罗斯和外国军事技术合作系统改革框架下，依据俄罗斯联邦总统令，俄罗斯通过合并联邦国家单一制企业俄罗斯武器公司以及俄罗斯工业出口总公司成立了军品进出口统一国家中介公司"俄罗斯国防工业出口公司"[118]。2005年年底俄罗斯国防工业出口公司并购了俄罗斯汽车制造公司（占股61.8%），并于2006年控制了俄罗斯最大的钛制造商俄罗斯钢铁公司（占股66%）。2006年12月俄罗斯联邦总统弗拉基米尔·普京签署法令，规定自2007年3

月1日起，俄罗斯国防工业出口公司成为俄罗斯唯一的武器出口商。该法令还规定，军事装备生产商只允许出口武器备件或为已出售装备提供服务。

2007年10月，俄罗斯联邦决定对俄罗斯国防工业出口公司实行股份制改造并将其作为俄罗斯联邦财产纳入新成立的国家企业"俄罗斯技术"国家集团[119,120]。

依照2008年7月10日俄罗斯联邦总统第1052号令《关于促进"俄罗斯技术"国家集团的研发、生产及出口高科技工业产品问题》和2008年10月21日俄罗斯联邦政府第873号决议《关于落实2008年7月10日俄罗斯联邦总统第1052号令的措施》，建立俄罗斯国家企业结构。

根据上述文件，预计有443家公司的股份（注册资本中的份额，现金）作为俄罗斯联邦财产移交给国家企业"俄罗斯技术"公司，其中包括182家由联邦国家单一制企业转型而产生的股份公司、235家股份有限公司、7家封闭式股份公司、3家有限责任公司以及3家合资企业在内的430家企业。

此外，俄罗斯联邦联合工业集团公司"俄罗斯机械制造集团"（包括2家控股公司：俄罗斯直升机公司和联合发动机制造公司）、萨拉托夫航空股份有限公司、俄罗斯国防工业出口公司、俄蒙"达尔汗"有限责任公司以及蒙俄有限责任公司"蒙俄有色金属公司"的股份也移交给国家企业"俄罗斯技术"国家集团。

这些将股份作为俄罗斯联邦财产移交给国家企业的公司中，有330家被列入俄罗斯联邦国防工业体系的综合目录。国家企业在该综合目录中所占的比重为：数量：24.4%，产量：22.7%，军品产量：21.9%，平均：20.6%。国家企业"俄罗斯技术"国家集团下属的278家公司（占总数的62.7%）是具有战略意义的公司，另有20家（占总数的4.5%）则服务城市建设。

"俄罗斯技术"国家集团的下属公司分布在俄罗斯52个联邦主体，员工总数超过78.8万人[121]。

2010年年初，"俄罗斯技术"国家集团下属的公司达到562家，包括其子公司及其收购的公司[122]。2011年年中数据显示，这些公司中有439家位于俄罗斯境内[123]。

2008年"俄罗斯技术"国家集团年度报告中深入研究了俄罗斯控股公司创建和发展的历程以及"俄罗斯技术"国家集团的改革问题[121]。

依据俄罗斯联邦第1052号总统令，为了形成国家企业结构，国家企业连同俄罗斯国防部、工业部以及其他相关的联邦行政机构提出了在俄罗斯国防工业综合体中成立控股公司（一体化结构）及其大致构成的建议[124]。

2008年8月28日，俄罗斯联邦政府军事工业委员会会议召开，会议审议并通过了由国家企业制定的纲领、控股公司的大致构成及其所有权的合法组织形式等内容（见表2-5）。

表2-5

一体化结构名称	公司			母公司（实行股份制后）
	共计	包括		
		联邦国家单一制企业	股份制公司	
航空工业				
航空仪器及无线电设备系统领域	24	5	19	俄罗斯航空仪器制造股份有限公司
航空联动机及供电系统领域	34	5	29	航空设备股份有限公司
军用和民用伞降系统领域及其配件领域	4	2	2	科学生产联合股份有限公司

续表

一体化结构名称	公司			母公司（实行股份制后）
	共计	包括		
		联邦国家单一制企业	股份制公司	
共3个领域	62	12	50	
弹药与专业化学工业				
不同用途的高精度火炮弹药射击领域	21	15	6	"机械制造"科学生产联合体股份有限公司
齐射导弹系统及非制导航空火炮领域	7	6	1	"合金"科学生产联合体股份有限公司
自动火炮系统、自动/手动及榴弹发射器、弹射弹弹射系统、人工智能单兵武器系统研制的小口径弹药领域	7	7	—	"仪器"科学生产联合体股份有限公司
具有发展前景的航空轰炸武器、近战武器、不同用途的迫击炮炮弹及工程弹药、非致命武器弹药、工程设备和弹药领域	14	7	7	"巴扎利特"科学生产联合体股份有限公司
爆炸材料及军用和民用烟火产品领域	8	7	1	"火工品材料"科学生产联合体股份有限公司
共5个领域	57	42	15	
常规武器工业				
军用及民用光学设备、光电子设备、光机械设备领域	29	15	5	"光学系统和工艺"科学生产联合体股份有限公司
高精度武器及其零部件和配件领域	9	2	7	管理公司

续表

一体化结构名称	公司			母公司（实行股份制后）
	共计	包括		
		联邦国家单一制企业	股份制公司	
陆军战役战术和战术导弹系统领域以及便携式防空和反导系统领域	8	5	3	机械制造设计局股份有限公司
具发展前景的军用专业武器系统领域，包括自动枪械和弹药装备	6	1	5	伊热夫斯克机器制造股份有限公司
共4个领域	43	23	20	
电子工业				
微波技术、半导体设备和材料领域	27	15	12	"进步"微电子仪器科学研究院股份有限公司
电子对抗设备领域	19	13	6	"量子"科学生产联合体股份有限公司
不同用途的测量仪器领域	16	5	11	"伏龙芝下诺夫哥罗德"股份有限公司
子系统、综合体及通信技术设备领域	21	9	12	"猎户座"科学生产联合体股份有限公司
自动化和信息系统领域	24	13	11	电视科学研究院股份有限公司
电子设备产品、电子材料及其生产领域	24	9	15	俄罗斯电子股份有限公司
国家识别领域	13	6	7	无线电科学研究院股份有限公司
共7个领域	144	70	74	
共计：	306	147	159	

此外，还有34家没有参与一体化结构的公司（见表2-6）加入了国家企业，成为国防工业综合体的一部分，其中包括：

表2-6

公司		
作为独立行业保留下来的公司	为组建全行业工艺设计中心而未加入一体化结构的公司	公司结构一体化进程分为以下几个阶段
航空工业		
1. 联邦国家单一制企业莫斯科"航空医学中心" 2. 联邦国家单一制企业莫斯科州茹科夫斯基市"飞行试验人员鉴定中心医院" 3. 联邦国家单一制企业莫斯科"航空工业经济学科学研究院"	1. 莫斯科航空工业国家设计局和科学研究院股份有限公司 2. 乌里扬诺夫斯基航空工业国家设计局和科学研究院股份有限公司 3. 西伯利亚航空工业国家设计局和科学研究院股份有限公司 4. 莫斯科"航空工业调整"股份有限公司 5. 莫斯科"航空技术验收"股份有限公司 6. 圣彼得堡"技术科学研究院"股份有限公司 7. 乌里扬诺夫斯基航空技术和生产科学研究院股份有限公司	1. 莫斯科州茹科夫斯基"航空航天技术"股份有限公司 2. 联邦国家单一制企业卡卢加州奥布宁斯克"工艺"科学生产企业 3. 联邦国家单一制企业莫斯科州谢尔宾卡"俄罗斯联邦国防部航空技术装备第99工厂" 4. 莫斯科"全俄轻合金研究所"股份有限公司
弹药和特殊化学品工业		
4. 联邦国家单一制企业莫斯科"计算"系统交付和试验自动化计算国家科学测量站 5. 联邦国家单一制企业莫斯科"化学机械"联邦科学技术中心 6. 联邦国家单一制企业莫斯科"中央科学设计局"	8. 联邦国家单一制企业劳动红旗勋章国家专业研究所和"工业联盟－科学研究所－设计"设计研究所 9. 联邦国家单一制企业莫斯科"机械制造企业中央设计研究所" 10. 彼尔姆国立机器制造工业学院股份有限公司	5. 联邦国家单一制企业莫斯科"碳"产品和先进碳材料研究科学生产中心

续表

	常规武器工业	
7. 联邦国家单一制企业莫斯科州克利莫夫斯克市"精密机械中央科学研究院"联邦国家单一制企业	11. 机械和仪器制造企业设计院	6. "车里雅宾斯克"电子机械科学生产联合体股份有限公司 7. "涡轮"专业设计局股份有限公司 8. 巴什科尔托斯坦共和国萨拉瓦特"长蛇座机械"股份有限公司 9. 莫斯科州"波多利斯克电子机械"股份有限公司 10. 莫斯科州"90实验"股份有限公司 11. 联邦国家单一制企业莫斯科"机械零件设计"科学生产企业 12. 莫斯科"纺织和轻工制造"股份有限公司
	无线电工业	
联邦国家单一制企业克拉斯诺亚尔斯克"无线电通信"科学生产企业 8. 奔萨"无线电"股份有限公司 9家公司	11家公司	13. 斯维尔德洛夫斯克州乌拉尔地区卡缅斯克"伊谢季"电器连接器乌拉尔股份有限公司 14. 斯塔夫罗波尔边疆区伊佐比利内"阿特拉斯"股份有限公司 14家公司
共计：34家公司		

——跨部门独立公司；

——工艺设计中心；

——加入一体化结构的公司。

据统计，有340家国家企业公司照此模式进行了改革（包括34家未加入一体化结构的公司），其中有330家国防工业综合体公司（157家工业企业和173家科技研发、设计或其他职能公司）。

此后，内容包含龙头企业指令和控股公司大致组成的提纲被列入俄罗斯联邦政府相应的决议中[125]。

为研究国防工业综合体公司（这些公司于2008年加入国家企业"俄罗斯技术"公司）的改革方案，相关联邦行政机构代表根据俄罗斯联邦总统第1052号令成立了工作组。此外，各工业领域成立工作组，小组成员包括各工业企业和科学研发公司的领导。

2009年2月26日，国防工业综合体下属国家企业"俄罗斯技术"国家集团改革方案得到公司监事会批准。

该方案主要章程见2008年国家企业"俄罗斯技术"国家集团年度报告。

工作小组制定的方案中明确了国家企业改革的目标、任务、方向、机构、措施、期限及指标。该方案草案在相关工作组会议上得到了批准，其主要章程是以"俄罗斯技术"国家集团工业领域建立一体化结构这一概念为基础的。该方案草案在结构上分为三卷，每一卷包含计划性章程，涉及"俄罗斯技术"国家集团改革的三个组织结构层次之一。第一卷为国家企业的整体层次，第二卷为领域层次，第三卷为公司层次（信息系统颁发注册证的形式）。

依据该方案，总共对340家公司进行了改革，在四大工业领域共建立了19个控股型一体化结构，其中航空工业3个，弹药和特殊化学品工业5个，常规武器工业4个，无线电专业7个（详见表2-5和表2-6）。该19个控股型一体化结构在其行业领域处于垄断地位，下辖258家战略性公司，其中26家属于唯一供应商，15家服务于城市建设。超过300家企业公司拥有动员任务。

控股公司的规划使国家企业能覆盖完整的生产线，包括武器生产、系统军事装备和专业装备的生产、航空系统、防空系统，以及装甲车外壳和战术技术特征的零件或组件的生产。

为维护俄罗斯联邦武装力量和所有俄罗斯权力机构的利益，在完成同外国军事技术合作方案的框架下，国家企业"俄罗斯技术"公司通过生产所有类型武器的弹药、高精度武器、战略战术导弹系统、防空系统、航空仪器、无线电产品、枪械以及复合材料，保障了最终样本的研发和供应。

该方案宣布，国家企业公司改革的主要目标是使具有相似技术工艺特点的公司加入一体化结构，从而创造适合其发展的有利环境。一体化结构旨在解决武器、军事装备、专业设备，以及所有经济领域产品的研发、生产、供应及售后服务问题。

为落实"俄罗斯技术"国家集团的改革，发展和人才政策委员会研究并通过了有关成立管理公司的文件。文件包括管理公司的标准机构、任务、人员名单、预算、标准章程以及国家企业财产股份（份额）的管理章程。

根据产品研发和生产的主要方向，俄罗斯联邦重组了"俄罗斯技术"国家集团的下属公司并建立了一体化结构（见表 2-7）。

表 2-7

武器与专用军事技术装备	民用产品	出口产品
航空工业		
机载成套航天设备 航空设备、供电和生命保障系统 伞降设备 地面支持设备	结构系统复杂的一体化仪器和设备 运输系统设备和仪器 医疗仪器和设备 运动枪，统一跳伞系统 c 航空电子技术设备	出口样品和成套空军技术设备 机载成套设备、系统和构件 跳伞系统 地面支持设备

续表

武器与专用军事技术装备	民用产品	出口产品
弹药和特殊化学工业		
各类炮兵弹药 小口径弹药库 齐射火箭炮 航空杀伤设备和近战设备 火工品材料	工业炸药和爆炸设备 火工品 燃料动力综合系统，包括油气工业设备和采矿设备 药品 医疗设备 家用电器 医疗材料	出口样品和成套空军技术设备 猎枪和运动枪火药的弹药 专业医疗设备 油气开采设备 火工品
常规武器工业		
光学器械和光学电子装置 精确制导武器 陆军导弹系统 轻武器及其弹药	仪器仪表和医疗设备 冶金工业 摩托设备 农业、道路建设和城市公共设备成套组件 民用武器和弹药 光学观测仪器 地质测量仪器 机床设备和器械	出口样品和成套空军技术设备 猎枪（滑膛枪、膛线枪、复合枪） 运动枪（火枪、膛线枪、气枪） 气枪和转轮手枪 各类炸药
无线电子领域		
全套系统和通信设备 无线电测量设备 电子战和反电子战设备 国籍识别设备 自动化信息系统 电子技术制成品	通信设备 安保设备 多用途雷达 医疗设备 电视雷达系统和设备，包括数字电视雷达系统和设备 导航设备	出口样品和成套空军技术设备 频率和时间校准仪器 电能计算系统和设备 电子技术制成品
冶金工业		
冶金工业制品生产 机械和设备生产 二次原料加工		

续表

武器与专用军事技术装备	民用产品	出口产品
医疗工业		
医疗设备、外科设备、医疗仪器、整形辅助设备的生产		
化学和石油化学工业		
炸药、民用化学物品的生产		
科学技术领域		
自然科学领域科学研发 不同科学技术领域科学研发		

需要指出的是，公司监事会负责直接监控在"俄罗斯技术"国家集团基础上成立控股公司（一体化结构后）的相关问题研究（见图2-7）。

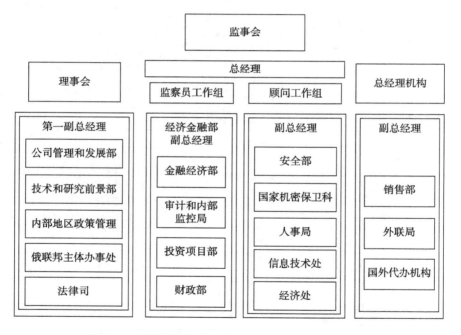

图2-7 "俄罗斯技术"国家（集团）公司管理机构

依据第270条联邦法律，监事会拥有以下权力：

——批准"俄罗斯技术"国家集团及其控股公司（一体化结构）的运营方案，包括中期和长期投资方案；

——批准国防工业综合体及其他经济领域公司的改革方案，包括在股份制公司（股份作为俄罗斯联邦财产转让的公司）基础上建立控股公司（一体化结构）的方案；

——同俄罗斯联邦政府协调，批准国家企业财产中公司和控股公司（一体化结构）股份的转让，并确定公司股份的转让条件；

——按规定保障国家企业公司完成国家武器计划、国防订单、动员计划、联邦目标计划和军事技术合作计划；

——依据国家集团核心原则进行决策。

监事会的人员组成，依据俄罗斯联邦总统2007年11月26日第1576号《有关促进高科技工业产品研发、生产及出口的国家企业"俄罗斯技术公司"监事会的人员任命》令及2009年6月30日第726号《有关促进高科技工业产品研发、生产及出口的"俄罗斯技术"国家集团监事会相关问题的决定》执行[126,127]。

监事会的成员包括：

阿纳托利·谢尔久科夫——俄罗斯联邦国防部部长（监事会主席）；

米哈伊尔·德米特里耶夫——俄罗斯联邦军事技术合作局局长；

维克多·巴萨尔金——俄罗斯联邦地区发展部部长；

谢尔盖·科米萨罗夫——俄罗斯联邦总统国家法律部副部长；

埃莉维拉·纳比乌琳娜——俄罗斯联邦经济发展和贸易部部长；

С·Э·普里霍季科——俄罗斯联邦总统助理；

В·Н·普吉林——俄罗斯联邦政府下辖军事工业委员会第一副主

席兼俄罗斯联邦总理；

В·Б·赫里斯基卡——俄罗斯联邦工业和能源部部长；

С·В·切蒙佐夫——国家促进高科技工业产品研制、生产、出口委员会总经理，职务监管委员会成员。

监事会成员均为国家高级官员，显示出国家对创建国防工业综合体一体化问题的高度重视。

2009年11月监事会下设四个委员会：战略规划委员会（对股份制和国有制企业发展战略进行评估）、干部委员会、奖励委员会、军事技术合作和审查委员会。战略规划委员会由俄罗斯联邦经济发展和贸易部长Э·С·那比尔丽娜领导。该委员会在一体化结构的形成和创立过程中扮演着关键角色。

需要指出的是，如上所述，2009年11月俄罗斯总统在年度国会咨文中指出，总体而言国有企业在当今条件下并无发展前途。

该项声明预示了"俄罗斯技术"国家集团的未来命运。

2010年2月Э·С·那比尔丽娜向俄罗斯联邦政府总理В·В·普京递交一封信函，信中提出了改组或撤销国有企业的计划书。

拟在2014年前对"俄罗斯技术"国家集团进行改革，改制后的公司性质为半股份制，出售非专业资产，国家集团将被改组成为股份制企业。

"俄罗斯国家原子能"集团公司

国家杜马于2007年11月13日通过了"俄罗斯国家原子能"集团公司联邦法律，11月23日经俄罗斯联邦委员会同意，俄罗斯联邦总统于2007年12月1日签署生效[128]。

根据该法律，"俄罗斯国家原子能"集团公司不再代表俄罗斯联邦行使原子能利用的国家管理职能、核能研制、生产职能，使用核武器和战争核武器装置的国家管理职能以及原子能利用的法律法规调整职能。

依据特殊法律顺序对"俄罗斯国家原子能"集团公司活动进行了调整。包括《关于非商业性企业》联邦法律[129]中的部分未涉及的非商业型企业经营活动程序以及联邦破产法效力的规定[130]。国有公司的经营活动仅受联邦法律《"俄罗斯国家原子能"集团公司》以及依据该法律生效的俄罗斯联邦总统和俄联邦政府起草的标准法律文件的约束。国企"俄罗斯国家原子能"集团公司全权负责国防订单。

国有企业的特点在于有权组建自己的部门保安警卫队。

传统上，将企业转化为国有化管理是创建国有企业的关键，包括联邦国家单一制企业的股份制改革。

俄罗斯联邦总统普京2008年3月签署的《关于创建原子能国企"俄罗斯国家原子能"集团公司》[131]令标志着所有制转化过程中的重要阶段。根据该命令，撤销联邦原子能部，其权力移交至"俄罗斯国家原子能"集团公司。同时制定了股份有限公司清单，将俄罗斯联邦所持有的该类公司股份以联邦资产形式移交给"俄罗斯国家原子能"集团公司，并制定了国有企业清单，从这种意义上来讲，"俄罗斯国家原子能"集团公司由俄罗斯联邦控股。

监事会为国有企业的最高管理机构，由九名成员组成，俄罗斯联邦总统代表和俄罗斯联邦总理代表占据了其中八个席位，"俄罗斯国家原子能"集团公司总经理也是监事会的一员。俄罗斯联邦总统负责任命国有企业监事会成员作为监事会主席。

国有企业监事会成员：

舒瓦洛夫·伊戈尔·伊万诺维奇——俄罗斯联邦政府第一副总理（主席）；

别罗索夫·安特烈·莱蒙维奇——俄罗斯联邦经济与财政局局长；

巴罗夫科夫伊戈尔·弗拉基米尔——俄罗斯联邦政府下属军事工业委员会机构负责人和俄罗斯联邦政府机构第二领导人；

博雷乔夫·拉里萨·伊果列夫娜——俄罗斯联邦总统助理和俄罗斯联邦总统下辖国家法律管理局局长；

特瓦尔果维奇——俄罗斯联邦总统助理；

什马特克·谢尔盖·伊万诺维奇——俄罗斯联邦能源部部长；

雅果夫列夫·尤里·弗拉基米尔——俄罗斯联邦安全局经济安全部部长。

"俄罗斯国家原子能"集团公司总经理C·B·基里延科同时兼任委员会成员一职。

2008年《"俄罗斯国家原子能"集团公司长期发展规划（2009—2015年）》[132]明确了"俄罗斯国家原子能"集团公司的发展前景。

根据该文件，"俄罗斯国家原子能"集团公司于2009—2015年的投资总规模超过2万亿卢布，其中约40%来自俄罗斯联邦财政部（见表2-8）。

表2-8 2009—2015年"俄罗斯国家原子能"集团公司

发展规划拨款总额　　　　　　卢布/亿

年份	2009—2015	2009	2010	2011	2012	2013	2014	2015
"俄罗斯国家原子能"集团公司拨款总额，其中包括联邦财政支持资金和私有资金	20 840	2 580	2 900	3 180	3 220	3 150	2 890	2 920
	8 200	1 210	1 300	1 480	1 500	1 230	830	640
	12 640	1 360	1 600	1 700	1 720	1 920	2 060	2 280

"俄罗斯国家原子能"集团公司结构构成：核电系统、核武器系统、放射和核安全系统、基础科学和原子能系统（见图2-8)[133]。

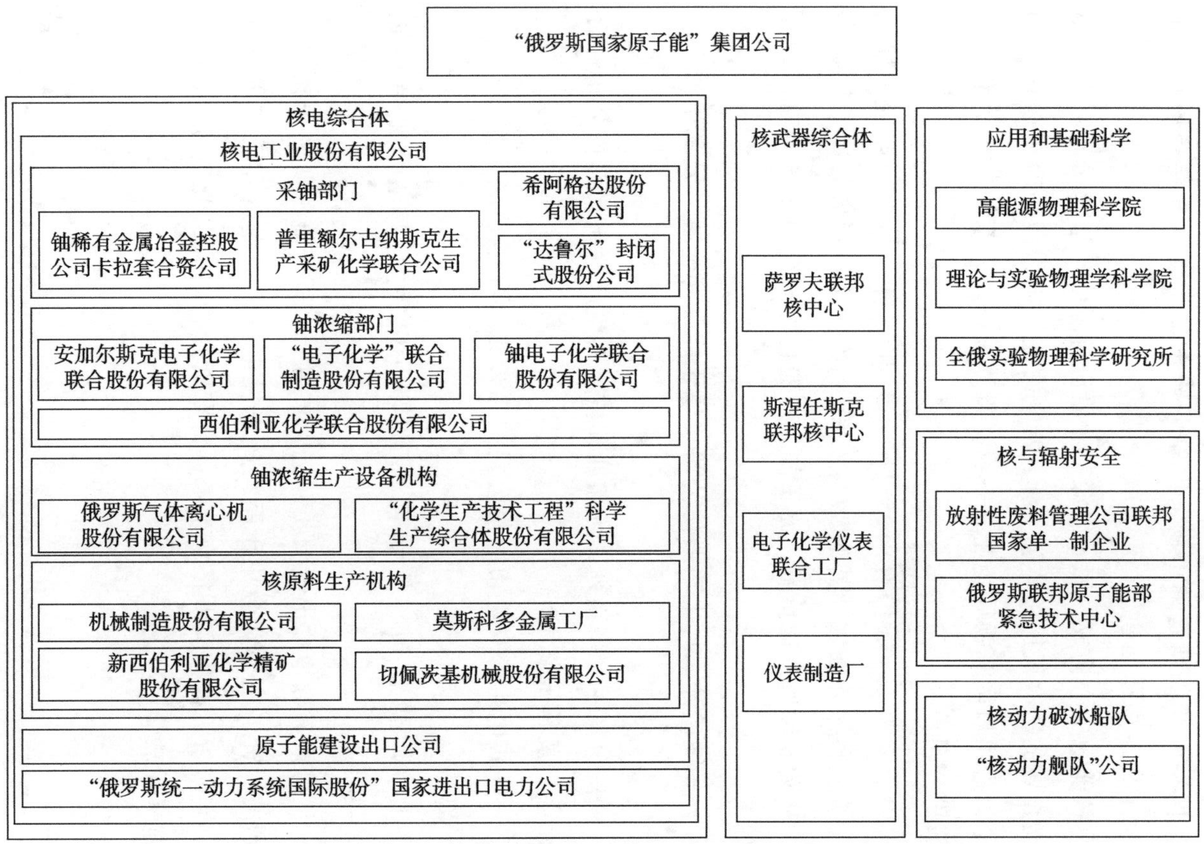

图2-8 “俄罗斯国家原子能”集团公司结构

核电系统保障了 16% 的俄罗斯电子能源生产、世界 9% 的铀开采、世界 40% 的精选铀市场、世界 17% 的航空通信新鲜核燃料市场和世界 16% 原子站建设。

核能源中心构成：原子能源工业股份有限公司（该公司联合了原子能领域的所有民用资本）、原子能电站建设出口股份有限公司和国家电力进出口国家领导企业——俄罗斯"统一动力系统"电力和电气化股份公司。

原子能源工业股份有限公司成立于 2007 年。该公司联合了原子能和核燃料循环领域的其他 89 家公司，这 89 家公司后来被重组。

从营业额所占比重看，原子能工业股份有限公司主要经营活动方向如下：

——铀矿开采（上市股份公司"原子能稀有金属"及其生产子公司）；

——分离-升华系列，浓缩铀和核燃料生产（上市股份公司"释热元素"及其子公司）；

——核电生产（上市股份公司"俄罗斯原子能源联合生产企业"康采恩）。

上市股份公司"原子能工业" 2010 年 8 月的产业结构见图 2-9[134]。

从总投资额中拿出近 1.8 万亿卢布用于"原子能工业"上市股份公司的投资，主要资金用于新型核电发电机组的建造和已有电站改造。同时将近有 1.2 万亿卢布来自自有资金，国家出资超过 6 000 亿卢布（见表 2-9）。

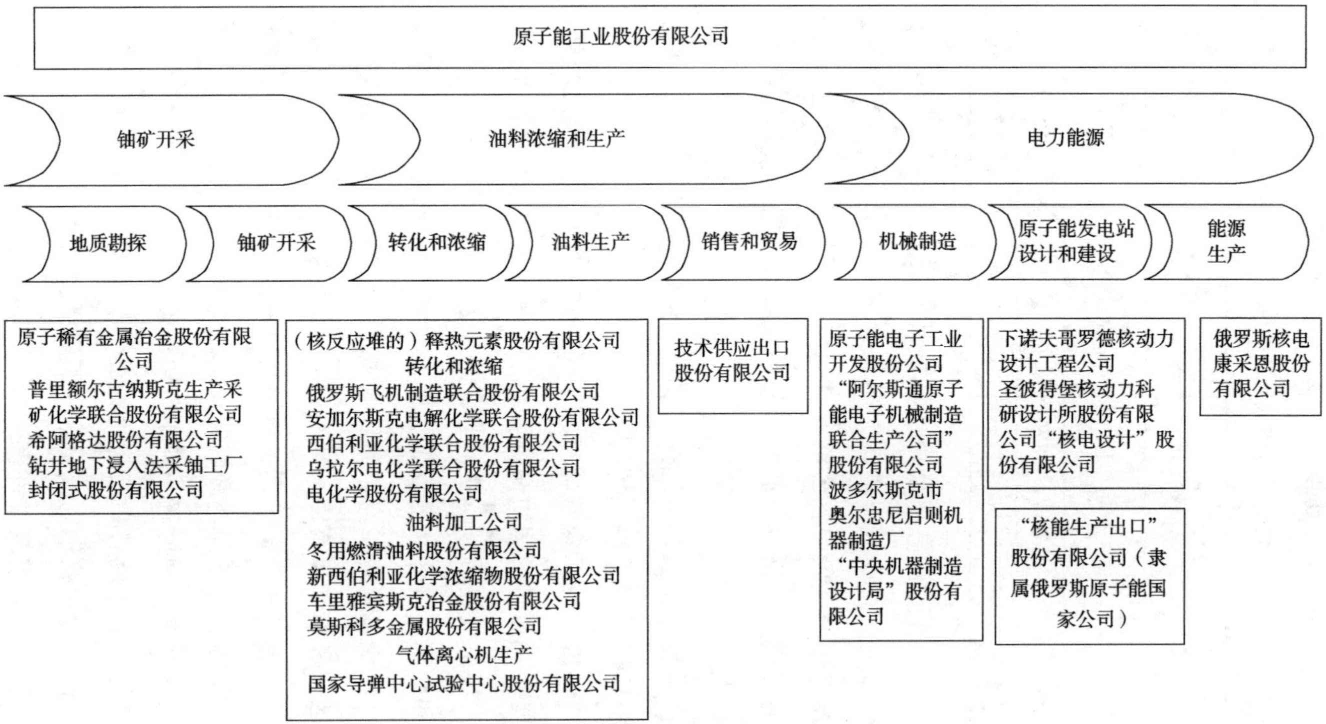

原子能工业股份有限公司结构

原子能工业股份有限公司

铀矿开采	油料浓缩和生产		电力能源	
地质勘探 / 铀矿开采	转化和浓缩	油料生产 / 销售和贸易	机械制造	原子能发电站设计和建设 / 能源生产

铀矿开采：
- 原子稀有金属冶金股份有限公司
- 普里额尔古纳斯克生产采矿化学联合股份有限公司
- 希阿格达股份有限公司
- 钻井地下浸入法采铀工厂
- 封闭式股份有限公司

转化和浓缩：
- （核反应堆的）释热元素股份有限公司
- 俄罗斯飞机制造厂转化和浓缩
- 安加尔斯克电解化学联合股份有限公司
- 西伯利亚化学联合股份有限公司
- 乌拉尔电化学联合股份有限公司
- 电化学股份有限公司

油料生产：
- 冬季燃精油科股份有限公司
- 新西伯利亚化学浓缩物股份有限公司
- 车里雅宾斯克冶金机器股份有限公司
- 莫斯科多金属股份有限公司
- 国家导弹中心试验中心股份有限公司
- 油料加工公司
- 气体离心机生产

销售和贸易：
- 技术供应出口股份有限公司

机械制造：
- 原子能电子工业开发股份有限公司
- "阿尔斯通"原子能电子机械联合生产股份有限公司
- 波多尔斯克市奥尔忠尼启则机器制造厂
- "中央机器制造设计局"股份有限公司

原子能发电站设计和建设：
- 下诺夫哥罗德核动力设计工程公司
- 圣彼得堡核动力科研设计所股份有限公司
- "核电设计"股份有限公司

能源生产：
- 俄罗斯核电康采恩股份有限公司
- "核能生产出口"股份有限公司（隶属俄罗斯原子能国家公司）

图2-9 原子能工业股份有限公司结构

表 2-9 2009—2015 年"俄罗斯国家原子能"
集团公司经营活动规划拨款总额   卢布/亿

年 份	2009—2015	2009	2010	2011	2012	2013	2014	2015
原子能工业发展（原子能工业）	17 640	2 130	2 440	2 700	2 760	2 670	2 470	2 470
国家财政资金	6 060	870	970	1 130	1 190	910	590	400
自有资金	11 590	1 260	1 480	1 570	1 580	1 760	1 880	2 070

原子能工业股份有限公司由具备世界级水平的全球性公司创立。全部股份制公司企业被分成几大类，从铀开采到电能生产，每一类都须保障技术生产链条中自己负责的一环。原子能工业股份有限公司的目标是大规模发展俄罗斯联邦原子能并将俄罗斯的核技术推广到全球市场。

核武器系统包括 15 家企业。2007 年 4 月总统令规定了核武器系统的组织结构[135]。

2007—2015 度国家武器规划、《2007—2010 年度和 2015 年核武器的发展》和每年的国防命令实现了对核武器中心功能的运作。

核武器系统包括一系列企业，其中包括位于萨洛夫（下洛夫哥罗德州）和萨洛夫（车里雅宾斯克州）的联邦核武器中心、"灯塔"软件公司（奥焦尔斯克，车里雅宾斯克州）、"电子化学设备"联合企业（林区州和斯维尔德洛夫斯克州）、仪器生产厂（三山州和车里雅宾斯克州）等。核武器下属的企业拥有独一无二的装置和设备，这些装置和设备能确保核弹药和舰载反应装置的研制和批量生产，同时还能从理论计算阶段到拆解—利用阶段保障生命周期内的运行。

核辐射安全系统有 7 家企业负责"俄罗斯国家原子能"集团公司委员会运作过程中核辐射安全这一国际性要求。

核辐射安全系统包含许多专门从事废核燃料和放射性废物加工、

存储的联邦国有企业：采矿冶金—化学联合工厂、北方放射性废料处理公司、远东放射性废料处理公司、联邦核辐射安全中心、科学—生产联合企业"В·Г和诺宾娜镭研究所和私有企业、国家联邦单一制企业"原子能舰队"。2008 年，'俄罗斯国家原子能'集团公司下属的联邦住房和公用设施建设管理局的管理权移交给 5 家专业的联合企业组成的单一制公司——国家联邦单一制企业"放射性核废料处理企业"。

"俄罗斯国家原子能"集团公司还设有自己专门的事故救援部门，即联邦国家单一制企业俄罗斯原子能事故技术中心（圣彼得堡）和事故救援和水下技术工作中心水下打捞队（莫斯科州）。

基础科学系统包括 11 家基础应用领域组织，以及部分从事干部培养工作的教育机构。

俄罗斯联邦国家科技中心——高能物理研究所和俄罗斯联邦国家科技中心——理论和实验物理研究所的基本目标是基础核物理领域的研究。基础应用领域的研究主要由联邦核中心实验物理研究机构（萨罗夫市）和技术物理研究机构（斯涅任斯克市）承担。

此外，"俄罗斯国家原子能"集团公司子公司还包括 20 多家科研院所和设计局，包括反应堆设计研制"液压机"实验设计局和阿夫里坎托夫机器制造试验设计局的反应堆研发者和设计者、全俄罗斯化学工业研究院铀及其他金属开采加工新技术研发和设计者、全俄 А·А·波奇瓦拉无机材料研究所新型核燃料和结构材料及多边反应技术研发和设计者、国家原子反应堆科学研究所先进核废料和放射性废料研究和研发者、叶夫列莫夫电物理装置科学研究所应用电子物理设备研制和生产者等[133]。

核动力破冰舰队 2008 年 8 月成为"俄罗斯国家原子能"集团公司的一部分。破冰工作的管理由摩尔曼斯克联邦国家单一制企业"核动力舰队"全权负责。

目前"核动力舰队"公司经营 4 艘破冰能力为 75 000 马力的破冰船("俄罗斯"号、"苏联"号、"亚马尔"号和"50 周年胜利纪念日"号)和 2 艘破冰能力为 50 000 马力的破冰船("泰米尔"号和"瓦伊佳琪"号),另有 1 艘破冰能力为 40 000 马力的轻载破冰船"北海航线"号。此外,该公司还经营 2 个航行技术基地("曼德拉"和"洛特")、1 艘用于打捞液体放射性废料的超级油轮"谢列博良卡"号和 1 艘用于船员消毒和实施剂量监控的轮船"罗斯塔 1 号"。

该舰队并入联邦国家单一制企业"核动力舰队",该企业于 2008 年 8 月并入"俄罗斯国家原子能"集团公司。俄罗斯所有核动力舰船连同能源装置以及提供核技术服务的船只均移交给联邦国家单一制企业"核动力舰队"。目前公司仅运行俄罗斯联邦国民舰队的一套破冰技术设备。

"阿尔玛兹 – 安泰康采恩"联合股份公司

对防空体系和设备的研制生产方进行了一体化结构改造。"阿尔玛兹 – 安泰康采恩"联合股份公司于 2002 年 4—6 月成立,依据俄罗斯联邦总统令和俄罗斯联邦政府决议,将当时的"安泰康采恩"工业股份公司改组为"阿尔玛兹 – 安泰康采恩"联合股份公司[136,137]。

公司的主要经营方向为:开发、生产、更新、销售、维修使用对联邦国家必备的防空和非战略导弹防御系统的国外预订客户提供维修服务。

董事会负责领导公司的经营活动。

有权提出一些结构重组问题:

——确定公司业务的优先发展方向;

——通过公开认购额外股份的方式扩大注册资本;

——发行债券和其他有价证券;

——买入公司发行的股票、债券和其他有价证券;

——签订符合俄罗斯联邦政府决议规定的康采恩注册资本购入股

票转让交易。

2011年中期,"阿尔玛兹-安泰康采恩"联合股份公司董事会成员包括以下成员:

别戈洛夫·亚历山大——董事会主席,俄罗斯联邦总统行政管理局副主任;

鲍里斯·尤里·伊万诺维奇——俄罗斯联邦工业贸易部副部长;

德米特里耶夫·米哈伊尔·阿尔卡利耶维奇——联邦军事技术合作局局长;

杰里·亚历山大·尼古拉耶维奇——空军总司令;

伊萨金·安东·彼得洛维奇——联邦国家单一制企业"俄罗斯国防出口"总经理;

科列巴奇·安特烈·尼古拉耶维奇——俄罗斯联邦经济发展部副部长;

雷恰金·米哈伊尔·伊万诺维奇——俄罗斯联邦政府行政部部长;

缅希科夫·弗拉季斯拉夫·弗拉基米诺维奇——"阿尔玛兹-安泰"股份有限公司总经理;

尼吉金·戈列博·谢尔盖维奇——联邦国有财产管理局副局长;

巴博夫金·弗拉基米尔·亚历山大耶维奇——俄罗斯联邦国防部第一副部长;

普里金·弗拉基米尔·尼古拉耶维奇——俄罗斯联邦政府军事工业委员会第一副主席。

"阿尔玛兹-安泰康采恩"联合股份公司主体形成于1983年,当时国家决定整合科学和生产,并创立封闭的科学生产体系,从而形成国家统一的防御系统。为实现这一目标,依据苏联无线电工业部部长命令创建了科学生产联合企业"安泰",该联合企业包括:电子机械科学研究所(莫斯科市)、科学研究所"指针"(图拉市)和"兵工厂"(图拉市)。

1988年"安泰"科学生产联合公司扩大到9家公司，1991年，由于法律修订，"安泰"科学生产联合公司改组为"安泰康采恩"联合股份公司。1994年12月依据俄罗斯联邦政府决议，在"安泰康采恩"联合股份公司基础上创建了"康采恩安泰"股份有限公司[138]。

2002年康采恩集团得到进一步发展，当时正值联邦专项规划《国防工业改革和发展（2002—2006年）规划》实施阶段，根据该规划，俄罗斯联邦政府对国防工业企业进行了垂直整合结构改革。

与此同时，在已经完成结构整合的国防工业综合体框架内，"康采恩安泰"股份有限公司工业企业与科学生产联合公司合并，创建了"阿尔玛兹–安泰康采恩"联合股份公司。新创建的组织结构包括46家工业、科学研究企业和组织。

2007年一体化进程得到了进一步发展，这一进程分为两个阶段——第一阶段在2月份，第二阶段在11月份——另外42家企业并入了"阿尔玛兹–安泰康采恩"联合股份公司（其中11家根据俄罗斯联邦总统第136号令并入，31家根据俄罗斯联邦总统1564号令并入）[139,141]。

2009年在俄罗斯联邦总统助理维克多·伊万洛夫主持的"阿尔玛兹–安泰康采恩"联合股份公司董事会上，依据俄罗斯联邦政府指令通过了在А·А·娜斯普列吉娜"阿尔玛兹–安泰康采恩"科学生产联合公司基础上建立防空反导弹设备和系统研制设计局的规划。

5家生产企业的联合形成了防空反导弹前端国防系统：А·А·娜斯普列吉娜"阿尔玛兹–安泰康采恩"科学生产联合公司（基于新物理学原理的防空反导弹）、"牵牛星"上市股份公司（海军防空）、"尼米"上市股份公司（陆军防空）和"迷尼伊巴"上市股份公司（控制设备）。

2011年1月该项工作完成[142,143]。

康采恩结构见图2–10。

“金刚石-安泰”防空康采恩股份有限公司

- 产品研制公司
  - “拉斯普列京院士”试制系统设计局股份有限公司
    - “牛郎星”莫斯科科研雷达电子研究院股份有限公司
    - 机电科学研究院股份有限公司
    - 雷达仪表制造科学研究院股份有限公司
    - 莫斯科仪表自动装置科学研究所
  - 特种机械制造设计局股份有限公司
  - “昆采沃”设计局股份有限公司
  - 莫斯科“玛瑙”研究院股份有限公司
  - “火炬”机器制造设计局股份有限公司
  - “箭”科学生产联合公司
  - “箭”科学生产联合公司股份有限公司
  - 全俄无线电仪器科学研究所
  - 石油化学生产科学研究所
  - “信号旗”国际质量研究所股份有限公司
  - 季霍米罗夫仪表制造科学研究局股份有限公司
  - 金刚石-安泰康采恩股份有限公司
  - “创新者”实验设计局股份有限公司
  - 无线电物理学股份有限公司
  - 普拉夫金斯克设计局股份有限公司
  - “方位”实验设计局股份有限公司
  - “土星”股份有限公司
  - 全俄无线电技术科学研究所股份有限公司
  - “下诺夫哥罗德无线电技术科学研究所”联邦科研生产中心股份有限公司
  - “脉动”股份有限公司
  - 喀山“联盟”实验设计局股份有限公司
  - 国家仪表制造科学研究所
  - 航空技术工业科学技术中心联邦国家单一制企业
  - “里阿诺佐夫斯基雷达”研究院股份有限公司
- 产品生产公司
  - “高分散金属粉科研生产企业”股份有限公司
  - 奥布霍夫斯基国立光学仪器厂股份有限公司
  - “花岗岩”维护和修理防空康采恩服务中心股份有限公司
  - 多尔戈普鲁德内科学生产股份有限公司
  - “红旗”股份有限公司
  - 雷达技术设备股份有限公司
  - “圆顶”伊热夫斯克机电股份有限公司
  - “列宁格勒电机”科学生产股份有限公司
  - 马里机械股份有限公司
  - 加里宁机械制造股份有限公司
  - “先锋队”机械制造股份有限公司
  - 无线电电子测量仪器机械股份有限公司
  - “莫斯科无线电技术”科学生产联合股份有限公司
  - 下诺夫哥罗德机械股份有限公司
  - “工厂火花”科学研究所股份有限公司
  - “普拉夫金斯克无线电科学生产股份有限公司
  - 雷达技术股份有限公司
  - “花岗岩”梁赞生产技术股份有限公司
  - 商业机器制造业托拉斯股份有限公司
  - 乌里扬诺夫斯基机械股份有限公司
  - “矢量”乌拉尔生产股份有限公司
  - 冷冻机械设备股份有限公司
  - 阿尔查马斯仪表股份有限公司
  - “创新者”股份有限公司
  - 弗拉基米尔电机股份有限公司
  - “花岗岩”特种军事康采恩股份有限公司
  - “阿尔谢纳”图利斯基股份有限公司

图2-10　“金刚石-安泰”防空康采恩股份有限公司

康采恩重组方向之一是建立科学生产协会，按照康采恩独立子公司董事会确定的重组方案采用合并方式进行重组（见表2-10）。

表2-10

科学生产联合企业经营类型	联合企业
研发和制造防空导弹雷达探测系统的研制科学生产企业	测量仪表科学研究所股份有限公司
防空导弹研制科学生产企业	"尼兹克"新西伯利亚股份有限公司 "火炬"机器制造设计局股份有限公司和莫斯科 "先锋派"莫斯科机械股份有限公司
俄罗斯联邦空域管制系统和测量系统高程雷达监测和定位设备研制的科学生产企业	"设计局"股份有限公司 巴拉赫纳"蒸汽机车修理"股份有限公司
军事雷达设备研制的科学生产企业	"指针"研究所股份有限公司 "'军火库'图拉"股份有限公司

结构特征参见表2-11[145]。该表按照功能和结构对并入康采恩的组织机构其进行了分类。

表2-11

	"阿尔玛兹-安泰康采恩"联合股份公司	
防空火器	总研制企业	"阿尔玛兹-安泰"国家专业设计局股份有限公司、季霍米罗夫教育科学研究所股份有限公司、"火炬"机器制造设计局股份有限公司
	二级研制企业	"昆采沃"设计局股份有限公司、"阿卡特"俄罗斯马里科学研究所股份有限公司、特种机器制造设计局股份有限公司、"联盟"喀山实验设计局股份有限公司
	龙头制造企业	莫斯科机械股份有限公司、РАТЕП股份有限公司、伊热夫斯克机电"古巴尔"股份有限公司、乌法发动机制造股份有限公司、维亚特"阿维杰克"机械制造股份有限公司、"莫斯科机械'先锋派'"股份有限公司、"多尔戈普鲁德内科研"股份有限公司和МЗиК股份有限公司

续表

		"阿尔玛兹-安泰康采恩"联合股份公司
防空火器	二级生产企业	莫斯科无线电技术器材科学生产联合股份公司、纳杰日达冶金股份有限公司、3PTO 股份有限公司、国营光学仪器股份有限公司、"图拉'军械库'"股份有限公司、"'纳瓦托尔'图拉"股份有限公司和"弗拉基米尔电机"股份有限公司
侦察和情报装备	总研制企业	隶属于列宁格勒电机厂科学生产联合股份有限公司的"丽萨"内外联合会股份有限公司、全俄无线电技术科学研究所股份有限公司、无线电技术设备学研究所联合科研生产股份有限公司、测量仪表科学研究所股份有限公司、全俄无线电仪器科学研究所股份有限公司、"箭头"科学生产联合股份有限公司和"设计局"股份有限公司
	总生产企业	莫斯科机器制造股份有限公司、"无线电测量仪表卫生部股份"有限公司和列宁格勒电机厂科学生产联合股份有限公司
通信与管理设备	总研制企业	莫斯科仪表自动装置科学研究所股份有限公司通信与管理设备属于"阿尔玛兹-安泰"国家专业设计局开放式股份联合公司
	总生产企业	"维克多"生产企业管理局股份有限公司

"阿尔玛兹-安泰康采恩"联合股份公司结构重组方案

2005 年 6 月俄罗斯联邦政府批准通过了 2005—2008 年康采恩发展和结构重组方案。康采恩结构重组必要性如下:

——康采恩集团的生产技术潜力明显滞后于开发技术水平,可能成为 2025 年前爆发生产技术危机的因素之一;

——康采恩对生产力的技术更新存在局限性,为彻底扭转这一局面、改变生产性质,不得不对技术和结构重新审定。

规划包括以下基本条例构想:

——必须对设计和生产能力进行登记;

——查明闲置或使用效率低下的房产、固定资产、主要生产基金、多余的库存物品，以便对康采恩的生产结构进行重组；

——防空反导弹防御系统将研发型企业整合为统一系统设计局；

——生产型企业的重组方式是，依据基础课题实现生产的集约化和专业化；

——创建区域型科学生产协会；

——在技术最先进的企业基础之上创建专业生产中心；

——完善康采恩地面设施。

为更好地进行重组，制定了子公司和独立公司财产登记、分析和评价的专门办法[148]。

利用该办法可对康采恩公司下属企业的发展潜力进行系统的研究和评估。

该办法的宗旨是对其子公司和附属公司进行综合分析，以选择最佳的重组战略，确定其技术效率和经济稳定性。

办法包括：定期认证、财产登记企业计分制综合评价。在此基础上制定企业发展和改制方案。

系统评价内容包括：

——各项指标下的企业生产技术条件评定；

——经济金融状况评定；

——经营效率评定。

所确定的办法作为康采恩下属企业的战略管理和控制方式。

值得注意的是，2006—2011年对并入康采恩的企业进行结构重组和改革时，使用该办法已显著提高了一体化进程的速度和管理效率。

根据2010年数据，可以对"阿尔玛兹－安泰康采恩"联合股份公司内部一体化改造效率进行评估。据康采恩新闻服务中心披露的信息[144]，"阿尔玛兹－安泰康采恩"联合股份公司2009年总营业额超过1万亿卢布，同比高出13%个经济指标。总销售额从80亿增长到

115亿卢布。

2009年"阿尔玛兹-安泰康采恩"联合股份公司总资产增长25.7%，达1 570亿，而净资产增长17.3%，达400亿。

"阿尔玛兹-安泰康采恩"净资产值由250亿卢布增长到505亿，负债结构中自有资产份额由51.7%增长到61.2%。

世界武器贸易分析中心数据显示，"阿尔玛兹-安泰康采恩"联合股份公司进入2009年俄罗斯最赚钱的20家企业排行榜[149]。

上述数据表明，国家在创建大型集成化结构体方面所做的努力颇有成效且硕果累累。

战术导弹武器集团股份有限公司

2002年1月，依据俄罗斯联邦第84号总统令，在联邦专项规划《国防工业综合体改革和发展》框架（2002—2006年）内创建了战术导弹武器集团股份有限公司一体化结构。

该总统令规定战术导弹武器集团股份有限公司的优先业务方向为研发、生产、检测、现代化建设、销售、维修、售后服务、保障战术战略"空—地""空—空"精确制导导弹以及在此基础上创立海洋武器统一体系。

创建战术导弹武器集团股份有限公司的战略目标是保持和发展导弹制造的科学生产潜力，保证国防能力和创建高效可控制导弹、空基、陆基和海基武器时高效调动资源，提高俄罗斯在世界军火市场的地位。

依据2002年3月俄罗斯联邦政府颁布的部分法令，将联邦国家单一制企业国家科研生产中心"红星-箭头"改组为战术导弹武器集团股份有限公司，联邦持100%的股份。

此外，新成立的公司包括国有企业鄂木斯克自动控制设备厂股份公司、"机器制造设计局-星火"、"乌拉尔设计局-元件"和红液压机厂，上述公司均须改组为股份有限公司。同时每家公司74.5%的股份并入战术导弹武器集团股份有限公司注册资本，剩余25.5%的股份由联邦持有[150]。

2004年战术导弹武器集团股份有限公司结构扩大，纳入："А·Я·别涅日年卡国家机器制造设计局 – 彩虹"、"生产联合企业 – 亚速光子机械厂"、"国家科研生产企业 – 地区"、"机器制造局"和"国家机器制造设计局 – 三角旗"。上述企业须由联邦国家单一所有制形式转型为股份有限公司，公司100%的股份由联邦持有，随后将74.5%的股份并入战术导弹武器集团股份有限公司的注册资本[151]。

此外，其下属公司还包括：斯摩棱斯克飞机股份有限公司、萨流特股份有限公司和"地平线"股份有限公司。

2007年，决定将多家其他企业并入该集团公司[152,153]。

该公司的组成、2010年初公司及其子公司法定资产的状况、相互依赖程度见表2 – 12[154]。

表2 – 12

序号	公司名称	注册资本总额/万卢布	所占比例/%
母公司			
	战术导弹武器集团股份有限公司	200 920.4	国家控股
子公司			
1	卡尔图果夫"火花"机器制造设计局股份有限公司	4 572.5	99
2	乌拉尔设计局"杰塔利"股份有限公司	8 321.9	97.83
3	自动控制设备技术中央设计局股份有限公司	40 084.67	99.99
4	机械制造设计局股份有限公司	5 346.329 6	94.22
5	亚速海机械制造股份有限公司	28 304.5	98.14

续表

序号	公司名称	注册资本总额/万卢布	所占比例/%
子公司			
6	托拉巴瓦"三角旗"国家机械制造设计局股份有限公司	302 820.6	99
7	А·Я·别列兹亚克"彩虹"国家机械制造设计局股份有限公司	98 431.7	96.4
8	"地区"国家科研生产股份有限公司	46 739.9	99
9	"红色液压机"股份有限公司	18 808.3	99
10	"礼炮"股份有限公司	8.189 7	38
11	斯摩棱斯克飞机制造股份有限公司	2 553.75	38
12	"联盟"图拉耶夫机器制造设计局	2.033 2	76.49
13	"地平线"股份有限公司	1.34	51.5
14	自动化设计系统科研中心股份有限公司	1.0	38.86
15	"速度-航空"阿尔扎马民族自由党股份有限公司	1.683 5	38
16	机械制造国家科学研究所股份有限公司	162 840.66	99.99
17	俄罗斯对外贸易商业银行"地球仪"股份有限公司	100 717.2	99
18	"商场'星星-箭头'"有限责任公司	2.0	60

另外，托拉巴瓦"三角旗"国家机械制造设计局股份有限公司持有"礼炮"股份有限公司12.03%的股份、"地平线"股份有限公司41.25%的股份。

2017年战术导弹武器集团股份有限公司发展战略

2007年11月19日的董事会上通过了《2017年公司发展战略》，目的是为所有并入集团公司的企业提供统一的发展方式和方向[155,156]。

战略还规划了该公司的未来发展方向。

按照公司的优先发展方向，确定实行切实有效的产品政策，以确保完成国家武器规划和国防订单，从而保持和扩大市场占有率。在该任务的框架内，俄罗斯联邦国防部部长制定并批准了一系列建立航空武器的专项规划，从而确定了未来航空武器的总体方向，包括新一代战斗机。同时也制定了2015年海洋发展专项规划。

另一优先发展方向为完善公司技术和工艺，降低生产成本。

缩短新型高精密技术装备的建设周期，同时提高战斗力和可靠性。依据发展方向，在重点高新技术设备生产一体化的基础上对国有企业进行结构重组，实现生产工艺基地现代化。

最重要的方向是从整体业务经营和部门业务活动的角度出发，完善管理体系和管理机制。公司作为董事和创办人，通过董事会和公司股东大会代表对子公司和附属公司实行管理。公司已建立企业委员会并投入运营，该委员会是以集团内部所有成员具有平等代表权为原则建立的机构。母公司总经理、企业委员会主席负责管理公司的经营活动。企业委员会为内部经济公司提供经营管理建议。

公司运营分析结果显示，一体化进程极大提高了运营效率。

2009年企业总体上实现了一体化改革，企业经营活动效率得到提升[154]。

2009年产品销售、运营、服务等营业收入超过310亿卢布，与上年同比增长2.7%。下列公司营业额相对增长最快：

——"火花"机器制造设计局股份有限公司——增长一倍（从5.51亿卢布增长到10.92亿卢布）；

——鄂木斯克自动控制设备股份有限公司——增长75.9%（从3.36亿卢布增长到5.91亿卢布）；

——机械制造国家科学研究所股份有限公司——增长74.1%（从3.2亿卢布增长到5.57亿卢布）；

——"УПКБ'杰塔利'"股份有限公司——增长69.4%（从

3.15亿卢布增长到5.34亿卢布）；

——俄罗斯对外贸易商业银行"地球仪"股份有限公司——增长58.1%（从7.8亿卢布增长到11.19亿卢布）；

——"'速度-航空'"农业科研生产企业——增长49.3%（从8.92亿卢布增长到13.32亿卢布）；

——军械运输集团——增长30.3%（从63.63亿卢布增长到82.92亿卢布）。

2009年销售额增长的最主要原因是国防订货量增加2倍（从34.64亿卢布增长到118.14亿卢布）。

据2011年2月公司新闻中心披露，战术导弹武器集团股份有限公司进入斯德哥尔摩国际和平研究所评定的百家最大军火生产企业榜单[157]。

综上所述，可以得出结论，国家努力创建大型一体化结构体可促进结构体内企业的运营成果和工作效率的提高。

2.4 国防工业综合体科学结构一体化

全球航空制造业科技管理经验

美国航空科技和试验设计工作

美国国防工业管理系统结构层次分明，最高级为国家最高军政首脑，其次是相关联邦各部、各联邦机构和相应执行机构。

航空工业的管理不仅包括总统管理委员会和国会统筹管理，还包括国防部长的重点管理。

武器采购、技术和运输国防部副部长（Under Secretary of Defense for Acquisition, Technology and Logistics）办公厅负责美国国防工业管理系统的核心部分，空军采购部部长助理（Assistant Secretary of the

Air Force Acquisition）办公室负责研发和建立航空航天系统事务。

空军采购部部长助理办公室负责对航空航天武器、技术和保障系统的具体建设规划过程的监督。空军部长助理主要履行上述航空工业部职能（对生产、技术、期限、财政规划执行情况实施监督）[158]。

美国国家航空和航天局（National Aeronautics and Space Administration，NASA）和运输部联邦航空管理局（Federal Aviation Administration，FAA）下属的美国联邦机构在航空科研和试验设计方面发挥着重要作用。

美国国家航空和航天管理局作为国家机构，负责科学研究和技术开发的组织，并维持美国航天领域的领导地位。在某些方面，特别是成员组成、解决复杂问题、部门研究中心的专业分工方面，美国国家航空航天局结构类似于苏联时期的俄罗斯航空科学研究会。

美国副总统负责监督管理美国国家航空航天局权力执行机构。航空航天局预算必须经过美国国会独立部门批准。咨询委员会由包括航空航天委员会在内的9个委员会组成，负责制定咨询委员会的管理和发展战略。航空航天委员会由几个不同领域的下属委员会组成，包括下属的科学研究和新技术委员会。咨询委员会具有咨询性质，其成员包括一些国家最权威的专家，通常来说，咨询委员会所制定的战略规划需要美国国家航空航天局专门负责人进行审批（见图2-11）。

美国国家航空航天局组织机构由负责航天研究、基础科学研究、宇宙系统和宇宙开发的理事会组成。航空研究局（航空研究理事会）受美国国家航空航天局航空部门副主任领导。航空航天理事会按照工作方向分成四个主要学科研究中心，各中心均有各自的专业领域（见图2-12）。

科学研究中心作为资源基地拥有独一无二的实验设备和科学家小组，保障美国航空航天局在世界科研领域和新技术开发方面的全球领导地位。美国国家航空航天局科学研究中心通过联合协议参与国家航

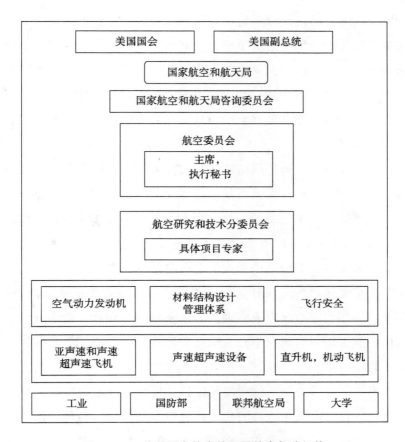

图 2-11 美国国家航空航天局航空部分机构

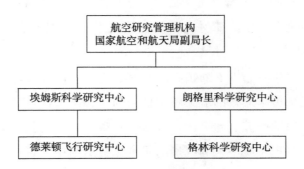

图 2-12 航空研究管理机构

空航天局财政支持的规划项目，通过加强与其他组织的紧密联系，开展未来飞行器理论相关的科学研究，同时对新型飞行器必需的基础技术进行研究。负责美国国家航空航天局订单的学术性机构（尤其指大学）的发展受到高度重视。美国国家航空航天局对上述所有机构提供财政支持，对其工作成果和大型规划项目或运输技术领域中心的长远效益加以评估。

美国国家航空航天局副局长的职权范围包括：根据航空方案研究规划、指导与航天航空技术及其目标相关的战略制定、管理科学研究中心（艾姆斯、兰利、格伦）和飞行研究中心（德莱顿）。美国国家航空航天局副局长在航空学研究方面负责与美国国会及其他政府机构、监督委员会、工业部门和大学之间的联络工作。

美国国家航空航天局科学研究中心负责航空规划的实施和指导，与局长共同制定航空研究战略规划、未来科研工作和设备需求。美国国家航空航天局科学研究中心为国立非营利科学中心，研究成果无偿转让给行业领域。

艾姆斯研究中心位于加利福尼亚州，是美国国家航空航天局主要中心之一，该中心采用独特的超级计算机系统和国家系统，进行原尺寸飞行器的空气动力学研究，包括大约30个用于宽速范围（从亚声速到超声速）的声速超声速风洞实验室研究。艾姆斯研究中心运作在某些方面与俄罗斯中央茹科夫斯基空气流体动力研究所（ЦАГИ）较为类似。

艾姆斯研究中心以下列领域的研究著称：气动热领域研究，根据大迎角空气动力学进行的航天航空仪器前景预测方法、分析方法和多学科优化方法的研究、超声速飞行器和转翼式飞机的技术研发以及航天航空仪器管理系统中人为因素的研究。艾姆斯中心目前正在研发空气动力与结构强度的高生产力计算方法，利用世界上最有效和最强大的超级计算机系统进行数值模拟。考虑到空中任务管理中的人为因素以及为提高机场地区空中任务管理的导航系统和先进自动化设备的精确度，在飞行器航空电子技术领域工作量浩繁。

德莱顿飞行研究中心是美国国家航空航天局的主要机构，负责飞行研究。在研究方向上与俄罗斯飞行研究所类似。德莱顿科学研究中心对所有美国国家航空航天局实验飞行器的飞行进行研究，包括对带有前掠翼和推力矢量控制系统的飞机的研究。在美国国家航空航天局的实验仪器中完成了试点技术和仪器测量设备试验，对飞行和发动机控制系统的计算方法进行了试验，根据发动机和用于制定先进飞行器计算准数的控制系统确定了数据库相关性。在该中心可进行超声速飞行条件下层流研究、爆破音研究等基础超声速研究。

兰利科学研究中心在85年间成为领先的航空科学研究中心，对美国航空事业的发展发挥了重要作用。该中心具有强大的实验基础，包括40个风洞实验室、带有实验雷诺数的跨声速低温管和十几个用于材料性能和结构强度研究的实验设备。该中心以气动热、计算流体动力学和气动弹性、机器人技术、喷气发动机系统等领域的研究工作而著称。兰利科学研究中心也是美国国家航天航空局研发飞行器、可视显示器和网络数据库管理系统的核心部门之一。此外，该中心还从事先进材料和结构的研究，包括金属和合成材料。

兰利科学研究中心的研究领域在很多方面与俄罗斯中央茹科夫斯基空气流体动力研究所（ЦАГИ）和全俄航空材料（科学）研究所（ВИАМ）类似。

格伦科学研究中心的主攻方向是飞机和各种能源系统的推进装置研究。与俄罗斯中央巴拉诺夫航空发动机制造（科学）研究所（ЦИАМ）类似。格伦科学研究中心专注于先进动力装置的高温金属材料和复合材料以及航空器材料的研究。美国国家航天航空局结冰和除冰系统的研发也由该中心承担——他们拥有一个专门模拟结冰风洞实验室。该中心研究项目集中在完善动力装置的声学特点、减排和创建新型结构方案等方面。

格伦科学研究中心拥有自己的飞行基地——普兰-布鲁克基地（Plum Brook Station），此基地拥有独一无二的空气-空间实验装置和液态氢、氧及所用材料进行测试的大型复杂的测试基地。

长期目标——美国国家航天航空局根据最新技术方案和航空技术，定期对长期目标进行修正。美国国家航天航空局提出的未来 10~20 年发展目标是，确保美国在航空和航天领域的优势。表 2-13 中列出了未来 10~20 年美国国家航天航空局在民用航空领域的发展目标。

表 2-13

性能	提出的目标
飞行安全性	10 年内事故率降低 5 倍，20 年内降低 10 倍
环保性	10 年内减排降低 3 倍，20 年内降低 5 倍；10 年内噪声等级降低 2 倍（3 EPN 分贝），20 年内降低 4 倍（6 EPN 分贝）
航空运输系统生产力	10 年内航空运输系统的承载能力扩大 3 倍
经济性	10 年内飞行费用减少 25%，20 年内减少 50%

同时，美国国家航天航空局特别重视与美国联邦航空管理局、国防部下属的其他规划和发展联合跨部门办公室（JPDO）等相关机构的合作伙伴关系。机构通过新型途径进行研究，向国家提出并完成重大长期研究任务，有利于提高新一代航空运输系统的效率、质量和可靠性。长期研究和实际研究要有具体目标并彼此相互关联。为实现美国国家航天航空局的能力突破，它们采用了从系统层面解决问题的完整方案。长期科学研究和试验设计工作要根据预先制订的计划表进行审查：

——为实现定期修正，需要对所有研究对象进行审查；

——根据最终突破性目标的实现程度确定取得阶段性成果的能力。

根据美国国家航天航空局工作机构的原则,所有研究均须基于具体项目和具体规划而进行。

它们制定了四个主要的长期发展规划:

——四个方向的基础研究:高超声速技术、超声速技术、固定翼飞行器的亚声速技术、旋转翼飞行器的亚声速技术;

——提高航空技术可靠性;

——发展航空航天系统;

——完善地面飞行研究和实验基地。

同时,每项规划分级实施,反映出学科层面的模拟到一体化体系的转变(见图2-13)。

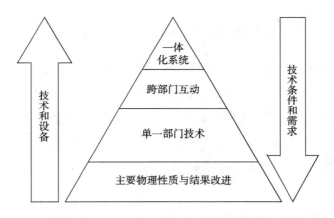

图2-13　科学研究和试验设计工作综合体运行分级结构

由此可见,部门一体化过程在先进国家无处不在,在美国,一体化过程是在跨部门层面进行的。为完成高效率航空运输系统的创建任务,需要在各相关机构间建立坚实的合作伙伴关系,美国国家航天航空局是跨部门一体化系统的发起者。

航空科学的进步及其有效利用,促进了美国私人飞机制造与航空运输系统以及这些系统使用者之间关系的发展,实质上促成了多功能、高集成度的航空机构的建立。

航空科学研究和试验设计领域相关的国家政策将航空系统视为一个复杂的整体系统,该系统包括航空领域所有组成部分(军用、民用)、航空运输管理系统、航空基础设施以及参与设计、制造和运行过程的科学技术和工程技术人员(人力资源)。根据美国专家观点,如果缺乏综合评估,个别部件的设计和改型可能造成无法弥补的严重后果。

系统方法虽复杂,但却必不可少。为满足整个航天系统(航空企业、航空经济)的需求,需要多个政府部门(厅、处、司等)的力量的密切协调,同时需要工业部门、大学和其他非政府机构力量的密切配合。

欧洲航空科学研究和试验设计工作管理

欧盟与美国一样,都以占领全球航空领域领先地位作为航空航天发展目标。为达到这一目标并实现《欧洲航空技术:2020年发展规划》设定的目标,2001年1月成立了欧洲航空研究咨询委员会(Advisory Council for Aeronautics Research in Europe,ACARE)[159]。

欧洲航空研究咨询委员会包括40多个成员,其中包括:

——两位主席;

——欧盟27个成员国(奥地利、比利时、保加利亚、捷克共和国、丹麦、德国、芬兰、法国、希腊、匈牙利、爱尔兰、意大利、塞浦路斯、拉脱维亚、立陶宛、卢森堡、马耳他、荷兰、波兰、葡萄牙、罗马尼亚、斯洛伐克、斯洛文尼亚、西班牙、瑞典、英国和爱沙尼亚);

——两位欧盟委员会主席[(DG)RTD和TREN的总董事];

——三位研究组织主席(DLR,ONERA,NLR);

——九个行业公司董事:德国利勃海尔空间公司(Liebherr – Aerospace Lindenberg GMBH)、法国赛峰集团(Safran)、史密斯航空航天公司（Smiths Aerospace）、英国宇航系统公司（BAE Sys – tems）、泰利斯航空电子公司（Thales Avionics）、比利时萨布卡公司（SABCA）、劳斯莱斯公司（Rolls – Royce）、欧洲空客公司（Airbus S. A. S）和阿莱尼亚航空公司（Alenia Aeronautica S. P. A）；

——欧洲航空协会（Association of Euro – pean Airlines）主席；

——欧洲航空安全部（Eu – ropean Aviation Safety Agency）主席；

——欧洲航空安全组织（Eurocontrol）主席。

欧洲航空研究咨询委员会的主要目标是制定和推行战略研究议程（Strategic Research Agenda），在制订研究计划尤其是国家计划和欧盟计划时，该议程适用于所有相关机构和组织，同时遵循《欧洲航空：2020年规划》中有关目标确定的规定。

为实现欧洲航空研究咨询委员会的主要目标，应：

——筹备并通过战略研究议程对其进行定期修订；

——提供战略和运营建议，对欧盟委员会战略研究议程的实施和《欧洲航空：2020年规划》中目标的实现进行研究；

——对欧盟成员国、欧洲委员会以及相关机构和组织的战略研究议程整体结果和效益进行评估；

——为现有基础设施的优化使用和保证投资的经济效益制定相应措施；

——扩大航空经济部门所需的研究人员、工程师以及其他专业队伍，对组建部门的政策改进提供建议。

——为培养研究员、工程师以及航空经济部门需要的其他专业人员，制定和实行战略目录支持的欧洲委员会（相关社会群体和普通大众之间）以及为传播协商一致进程中的研究规划信息提供建议。

欧洲科学研究中心：欧洲航空航天领域主要科学中心——德国宇航中心、法国宇航研究院、荷兰宇航院——均属国家机构。上述机构在欧洲航空研究咨询委员会协调下，从事各项战略研究议程框架下的研究活动，包括与行业组织进行密切合作。

2002年民用航空领域科学研究和试验设计工作获得欧洲委员会、法国、英国、德国、比利时、荷兰、意大利、西班牙、奥地利、瑞典和欧洲航空安全组织的全国性投资达29亿~30亿欧元。上述国家的投资规模的扩大得益于相关的行业政策。

西方国家政府不仅为项目提供财政援助，同时对具有长期发展前景的科学机构提供制度保障，从而实现对科学研究和试验设计工作的支持。比如，德国就通过融资方式向联邦和各州研究机构提供补贴。

ONERA——法国航空航天研究中心。该中心从事与飞行器（ЛА）研制相关的研究：范围涵盖飞机、直升机、火箭和航天器。法国航空航天研究中心隶属于国防部，必要时可获得大约50%的国家财政拨款。

法国航空航天研究中心的主要任务包括：

——制定国家科学研究的主要方向，并安排和组织实施，同时确保自身在航空航天领域内的主导作用。

——为民用和军用航天航空政策制定者和协调者的国家机构提供帮助。

——使自身研究成果商业化，满足新型商业需求，鼓励将研究成果用于包括非航空航天经济部门在内的工业领域。

——为国家的教育政策提供支持和帮助。

法国航空航天研究中心拥有强大的实验基地，拥有数十个航空航天风洞实验室和强度研究、噪声研究的研究装置。法国航空航天研究中心的风洞能够满足法国及其欧洲伙伴在宽气流速度下（从亚声速到超声速，高达 $Ma = 20$）的试验需求。法国航空航天研究中心的主要职能分别由位于巴黎、里尔、摩丹、图卢兹的五个区域中心承担。

此前，法国航空航天研究中心和诸多俄罗斯科学研究所一样，所有的经费拨款均由国家提供。近10年来国家订货量的缩减，致使研究中心的研究活动的组织方式发生变化，研究活动更多地围绕着满足终端产品的市场需求而展开。

法国航空航天研究中心的重组是一个渐进过程。在生存与发展的压力驱动下，为适应时代需要，根据战略规划和业务发展，成立了新的部门，负责法国、欧洲以及全球的航空航天市场知识密集型开发和研究需求的分析。在组织结构上，该部门属于欧洲研究计划的法国分支。

DLR——德国航空航天中心。该中心承担系统研究职能以及德国航天管理职能，以政府名义管理德国的航天活动。德国航空航天中心的运行模式是在航空航天研究和开发领域成立科研企业，对中心的管理采用现代化商业模式，尤其注重科研成果的质量并设法满足技术市场的需求。

德国航空航天中心的主要研发方向包括：航天飞行、航空学、能源、交通、机制创新、技术创新、技术转让。该中心由分布于8个城市的30个研究所构成，共拥有员工约5 000人。约65%的资金来自国库拨款，35%的资金依靠与德国公司和国际公司的合同收入。

德国航空航天中心的现行业务由局长及5人管理委员会负责领导。德国航空航天中心大会和具有建议职能的科学技术委员会均参与该中心发展战略的制定。

QinetiQ（奎奈蒂克）——英国国家航空研究中心。曾用名 RAE、DRA、DERA。最近10年进行了大规模改造。目前这个拥有约9 000名员工的欧洲最大的研究中心正处于私有化改造进程中。

2001年，英国政府将 DERA 中心一分为二，一部分是规模较小的 DSTL，仍隶属于国防部，保留了国有地位；另一部分是 QinetiQ（奎奈蒂克）集团，为民营企业，原 DERA 的资源主要集中于该集团。2002年，国防部同意凯雷金融集团（Carlyle Grup）成为奎奈蒂克公司的主要股东。是年起，奎奈蒂克公司开始内部改革：许多没有前景和过时的实验方向被叫停（或废除）。目前，全部区域部门中有超过35个中心正在进行深化重组。

新的领导机构的核心任务如下：

——仍把完成国防部下达的任务作为科研机构的首选；

——开发交通、医疗、能源、电信领域的技术市场需求；

——创建合资企业，其中包括境外企业，以便将奎奈蒂克公司的技术推向全球市场。

NLR——荷兰国家研究中心。该中心专门从事航空航天研发，是欧洲国家中心中首家民营科学中心。NLR所需资金75%依靠研究合同收入，25%来自国家对开发特殊研究基地的扶持以及基础研究的补贴。NLR总人数为900人。在阿姆斯特丹、马克涅斯和伍德梅尔均设有区域中心。

尽管人数有限，但NLR在欧洲航空航天领域中扮演相当重要的角色。该中心自主研究方向广泛，包括：流体力学、应用和计算空气动力学、气动弹性、航空声学、振动、飞行动力学、模拟和练习器制造、飞行动力中的人为因素、航空运输发展的各类问题、飞行测试和飞行安全、机场和空中交通管理、航空活动对周围环境影响、信息和通信技术、航空电子技术、强度和材料以及宇宙空间研究。

NLR作为欧洲科学界一个紧凑灵活的组织，经常充当科学中介的角色，帮助有意向的双方建立合作关系，为自身组织获取资金以实施跨国研究计划。NLR中心充分利用自身非国有地位，简化了中介服务的金融和法律监管程序。

ONERA、DLR、奎奈蒂克和NLR在欧洲科研规划框架内实施良好的科学协调政策，经常组织各中心领导层会议、科学研讨会及圆桌会议，为满足欧洲共同体需求而实施的科学研究制定联合提案。在位于布鲁塞尔的欧洲共同体总部，以及德、法、英、荷兰等国均设有科学中心常驻联络代表。作为全欧规划内的合作伙伴，上述各国科学中心在其他领域内相互竞争，尤其在航空工业具体样品试验的国家研究基地商业用途方面相互角逐。

总体来说，西方国家是军用和民用商业运输航空技术的重要客户，它们也试图通过融资的方式，管理"未来的"航空航天部门的科学研究和试验设计工作。虽然国家财政支持并非是唯一的资金来源，但国家在工艺技术转让调节方面却扮演重要角色，从而对航空技术在市场上的竞争力产生影响。

国家同样在商业市场上起着"仲裁员"和"调节器"的作用。不论是美国还是其他国家，航空工业均为国家调节、补贴和限制措施的重要对象。此外，国家在飞行安全和空中交通管制及提高效率方面起着主导作用。

全球航空制造业合作和一体化趋势，导致国家航空制造综合体发展内外因素间的对比关系产生了变化。

美国和欧盟在航空飞行领域科学研究和试验设计工作相关政策的制定方面采取了集中管理的方式。该方式针对的对象主要是某些科学研究和试验设计工作目标及任务。上述研究工作的成果对于航空技术发展方向的确立至关重要。基于跨部门合作和公私合作考虑，邀请了行业、科学界、航空运输以及其他相关部门和组织的代表参与了管理模式的制定。美国更是明确规定，航空科技领域科学研究和试验设计工作属于国家政策实施部门的责任和职能范围。依据美国相关部门的战略计划和预算方案、欧盟的框架计划以及工作方案，完成所确立的目标方针和重点研究。

俄罗斯行业科学部门的整合

标准法律基础和国家研究中心建设经验

俄罗斯今后一段国家发展时期的主要政策根据《2020年俄罗斯

联邦国家安全战略》而确定。2005年5月第537号俄罗斯总统令批准了这一战略。战略指明了影响科学技术和教育领域国家安全保障的不利因素,包括工艺技术结构转型的滞后,标准法律基础发展不完全,在创新和工业政策领域缺乏动力,工程技术人员和教学人员社会保障水平以及教育质量较低等。

俄罗斯联邦所确立的中期政策的主要方向之一是技术安全性。为此,需要完善国家创新机制和产业政策。国民经济创新发展的绝对优先方向应为基础和应用科学、教育及完善专业人才培养。要为科学、教育和工业领域整合创造条件。为实现国防领域战略目标,保障国家经济稳定发展,必须进行系统研究。

要组织创新活动、保证科学研究和技术先进水平,就要建设俄罗斯国防工业组织的现代化科研基础设施。专业科学中心和科研院所、设计局及其下属工程中心的研究成果是提升产品竞争力的必要条件。为此应当建立创新系统,制度转型应成为优先考虑。

俄罗斯政府2008年11月17日发布的第1633-R号政府决议——《2012年俄罗斯联邦政府工作主要方向》对具体内容进行了规定。国防科技发展主要包括以下内容:

——有效利用依靠联邦预算取得的技术成果;

——刺激创新需求,帮助企业获取新技术,包括国外引进、发展公私合作;

——构建国家创新系统现代化基础设施,包括科技园区、风险投资公司和其他企业;

——对国有科学部门进行改组,增加科学研究和试验设计工作的政府支出并引入新型投资形式;

——整合科学、教育和制造业,创建高科技创新产业集群和国家科学中心;

——创建预测和确定科技优先项,并制定产业方向发展长远规划，协调包含民用、军用或军民两用科学研究和试验设计预算支出。

国防工业部门向创新发展转型的系统性解决方案是依靠俄罗斯产业科学重组。

在此情况下，创新活动应包括创造新的消费价值——商品化和服务的过程。

随着国防工业科技的发展，当前的首要工作是创建俄罗斯国防工业综合体创新产品开发能力，为保持俄罗斯国防工业长远竞争力奠定基础。

俄罗斯国防科学重组的目的是确保武器和军事装备领域的国家竞争力和技术安全。

为此，需要解决以下几个相关问题：

——为先进武器和军事装备研发构建科学和技术基础；

——依据武器和军事装备科学研究和试验设计国家规划，制定科学技术解决方案及其实验测试；

——建设俄罗斯国防工业部门现代科研基础设施，确保科研和技术先进水平，发展武器和军事装备研发、制造和销售环节的信息技术；

——开发科研和实验基地；

——开发并向生产中引入新的知识密集型高效率技术和材料。

——由于创新活动的特殊性，只有在进行科学技术储备、融资、开发实验基地、建设用于创新活动的现代科研基础设施的前提下，才可能保障每个环节的效率。

——解决上述问题的途径之一就是建立国家研究中心。

——至 2011 年中，俄罗斯仅建立一个国家研究中心——库尔恰托夫研究院。

——该中心的建设需要一整套法律法规文件，包括俄罗斯联邦总统令、俄罗斯联邦政府决议和专项联邦法律[160-164]。

在联邦法律草案《国家研究中心"库尔恰托夫研究院"》中，建议适时引入术语"国家研究中心"。为此，联邦法律《科学和国家科技政策》应当引入如下定义：

"第6.1条 国家研究中心

"科学组织是俄罗斯国家科学中心，拥有大型特有科研技术设备和系统，俄罗斯联邦总统可授予其国家研究中心的地位。

"依据俄罗斯联邦总统决定，国家研究中心可以设立国家单一制企业和联邦预算机构，同时这些企业和机构将保留自身的法律独立性，且国家研究中心代表俄罗斯联邦持有财产所有权。"

除该项法律外，根据草案，还应当对税法和民法、联邦法律《国家和市级单一制企业》、联邦法律《保护竞争法》及其他一系列文件进行修订。

该提议并未被联邦法律《国家研究中心"库尔恰托夫研究院"》最终版本所采纳。需要对现行法律进行重大修订，这一事实表明制定国家研究中心建设的标准法律基础的困难程度。

国家杜马（注：俄罗斯联邦会议下议院）于2010年7月通过并由联邦会议于2010年7月批准的该法律版本规定，建设国家研究中心的目的在于：形成创新经济的技术基础，保证先进科学技术发展并将科技成果加速转化到生产应用中，实现完整的科学研究和试验设计创新周期，包括建设俄罗斯联邦科学、工艺和技术发展优先方向的生产样板。

为实现上述目标，授权国家研究中心库尔托夫研究所（以下简称"中心"）如下职能：

——将自然科学领域获得的研究成果应用于经济、国防和国家安全、环境保护等领域；为国家培养科技人才；

——推动科学研究与试验开发新周期理念，建立和推广俄罗斯科学、产业化和技术发展方向的新模式；

——开发应用新工艺；

——参与专业领域国家科学技术发展政策的制定；

——确保新的科研成果让民众受益；

——参与俄罗斯联邦科学技术发展趋势预测，包括对组织机构掌握新的科学技术、达到的技术水平、提高产品的经济技术参数所需时间、分析产力、设备使用总量等特征；

——开展符合现代科学研究、工艺发展、技术创新要求的基础设施建设；

——确保国际科学技术合作项目的合理有序完成；

——根据俄罗斯联邦总统或俄罗斯联邦政府决议，代表俄罗斯联邦参与国际合作项目。

因此，该中心的特殊法律地位得以明确。

该中心由联邦国家预算机构提供支持，俄罗斯联邦负责组建，并由俄罗斯联邦政府管理，中心属于联邦财产，隶属于政府管理。该中心拥有使用权，在俄罗斯联邦立法规定范围内根据自身工作目标和属性使用和处置所持有的财产。

中心的结构、创立程序和中心章程中规定的管理机构：

中心的管理机构是中心监理会、中心主席、中心经理和中心主任。

负责中心金融和经济活动监督的审计委员会。

中心创建了一个协商和咨询机构——中心科学委员会。

中心的最高领导机构是监事会。

中心监事会成员由俄罗斯联邦政府任命。

中心监事会由15名成员组成，包括：

——4名监事成员——为俄罗斯联邦国家主席代表；

——4名监事成员——为俄罗斯联邦政府代表；

——2名监会成员——为联邦执行机构代表，负责起草科学技术和创新活动领域的国家政策和法律法规；

——1名监事会成员——联邦执行机构代表，负责国家政策分析和社会经济发展预测以及俄罗斯联邦社会经济发展政策的制定和实施；

——1名监事成员——联邦执行机构代表，主要负责工业和军事工业复合领域，在能源节约、航空技术、国防安全等领域负责国家政策和法律法规及技术规范的制定。

——1名监事成员——为联邦执行机构代表，主要负责公共政策的起草和实施，以及燃料和能源综合领域的标准制定和调整；

——中心的主席和经理由委员会成员担任。

国家研究中心库尔恰托夫研究所的结构见图2-14。

图2-14　库尔恰托夫研究所国家研究中心

国家科研中心创建项目茹科夫斯基研究所

航空领域中航空科技的地位

航空经济领域高科技和密集型特点决定了科研在航空工业领域中的作用。俄罗斯航空工业是最具创新性、高科技和最具有战略性的行业，是国家支柱产业之一。俄罗斯航空工业的发展对建立新型高科技等相关行业和其他工业领域，以及地区高素质人才的发展有着显著影响。

此外，航空工业对国家安全和交通运输体系的发展以及其他领域发展都发挥着重要作用。

创建技术储备和研制科研设施，才能保证航空领域的技术竞争力，这一特征也决定了科研机构与订购商间的合作模式。

在科学研究过程中，根据科学储备创建目标进行理论和试验工作，完善并丰富科学研究所的试验基础和试验方法。为获得竞争优势，需要在飞机、发动机、航空电子设备、组件、材料和结构、无线电等领域开展全新的科研和技术开发工作。

航空工业产品——飞机和其他周期性结构的机械制造行业产品一样，具有复杂性。

根据飞机及其系统的研发要求展开设计工作，且大规模生产前应进行大量的科学研究、开发、测试和产品细化。在技术方案选择阶段，应在现有科技储备基础上制定技术方案。

航空研究所负责科技储备，科技储备的研究水平决定着产品的性能特征、新产品的技术含量、使用效率和飞行技术竞争力。

飞行器、滑翔机的制造，需攻克空气动力学、稳定性和飞机可控性、飞机电子系统、技术系统、强度和气动弹性等领域一系列复杂的科学技术难题。

发动机的制造，除热力学问题外，还应确保生产和运行过程中的资源利用、高度可靠性及技术稳定性。

为保障飞行安全、飞行中人类活动，还必须配备飞机操控、飞机导航等机载系统，及投入大量人力物力研发的能源供应系统。

实验设计局在开展新的研发项目时，应听取研究所的建议，最大程度利用现有科技储备，以保证现役飞机在技术上的竞争力。

新型飞机从确定技术要求到首飞和认证的所有阶段，必须进行国家鉴定，以确保完全达到所需的技术要求和最高技术指标。这种组织形式可以在最低成本条件下保障飞行安全。

科学研究所基础研究和研发方向立足于当前研制项目的长远发展。

科学研究工作早于技术设计，甚至早于技术数据准备。首先是探索性研究，这一研究可能会导致新的技术解决方案或新的工艺和方法。

根据专业传统领域的基础研究成果（例如其他领域已公开的成果、社会经济问题的新诉求或抵御新的威胁等），确定探索性研究方向。

新产品设计的技术任务是评估新产品的市场需求状况及技术性能状况。

科学技术在航空工业领域具有特殊的作用和地位，其特殊性表现在对技术整合和技术创新有一定的要求和限制。

公司"垂直"结构（根据最终产品类型）取消了政府单独预测航空技术发展潜力以及对企业产品和技术水平进行监管的职能。在企业和机构经济活动模式各不相同的情况下，"垂直"结构的整合过程尤其复杂。

工业企业的基本目标是获取利润，即降低新技术开发和实验基地的投入成本。即便有广阔而稳定的市场需求，这类公司亦要 7~10 年才能回收投资成本。

根据联邦第161号法律,联邦国家单一制企业作为商业企业,其科研机构的目的在于获取新知识,形成科学和技术潜力,而上述成果需要25~30年方能转换成商业产品。国家投资高风险和长远投资回收率的项目,有利于保证国家安全和社会和谐。国家机构需要开展技术政策研究,在航空领域企业产品技术达标检验方面,建议制定具有吸引力的预算,并确定国家产品种类是否能解决所面临的社会和经济问题。

以保障国家利益为宗旨的研究机构最佳组织形式为科学研究所"横向"一体化结构——建立科研中心系统,由国家控制并为所有专门工业企业提供服务。

保留联邦执行机构(现称工业和贸易部)的职责,行业科学研究所的联合将有助于恢复其在创新技术研发领域的作用,因为联邦执行机构作为一个平台可以制定航空技术发展领域的国家政策,解决航空工业与科技之间的矛盾问题。

研究机构的主要采购方是俄罗斯联邦各部门。国家预算为保证国家利益的科学研发和试验提供支持,通过公开招标和公平竞争方式签订政企合同,由联邦政府部门监督执行。

俄罗斯国家飞行企业和民营航空企业是科技储备研发成果的购买方,也是科学研究和试验设计项目生命周期各阶段成果的订购者,以及科学研究所下属实验基地的使用研究者。

由于国外工业企业和研究机构的科研服务需求增长,为了扩大其科研范围,他们借鉴了俄罗斯科研人员的研究经验。

航空科学领域技术和经济间的相互关系由以下所因素决定:

——企业和组织的科学和技术高度专业化,包括国家科研中心和行业科学研究所,作为科技产品和服务订购者的行业控股方向;

——以建立科技储备为目的实现新一代航空科技战略目标的长期

工作任务所占比例。在当前航空领域工作中，应不断发展壮大俄罗斯联邦国家科学中心和科学研究所，使之成为俄罗斯飞机制造业生存和快速创新的基础；

——进行科学技术活动和最终产品实验及试验工业样品生产的航空工业企业；

——科学研究所进行的地面和飞行试验认证的工作总量和所需时间，（飞机5~7年，飞行、导航系统和发动机8~10年），客观上提高了对航空技术操作安全性和可靠性的要求。

航空科学行业状况评估

过去20年，航空科学领域机构工作人员数量减少了3~4成，首先表现为专业人员减少，事实上，已经不再创建新型实验装置。科学研究专注于计算和理论研究。专业设计局大大缩小了应用科研范围。

由于初始条件和领导机构工作方向的不同，导致科学技术研发的不均衡性。一些机构（中央航空流体动力学研究所、中央航空发动机制造研究所和国家航空系统科研所）设法保存了相当规模的科研潜力。这些机构继续在全球范围内进行研究，并研发出具有竞争力的科技产品，还有一些机构目前仅保留一小部分科研职能。

科学领域内的科学和技术潜力下降问题尚未克服。在中期规划实施期间，有望克服这一危机。财政投入的增加、工资的上涨和科研范围的扩大，可以稳定团队，提高青年科学家和专家的比例。加大资金投入，确保实验基地的稳定和发展。加大科研力度，加快国内航空业新项目——SSJ和MC-21飞机的研发。

然而，国家航空业现状仍异常艰难。部门管理系统并未得到完善，航空科学缺乏工作规划、发展方向和工程期限表。实验基地设施陈旧且缺乏竞争力的现象仍在持续。

现有科学管理体系对全球和国内航空科技发展的预测重视不够。

科学技术信息研究所过分关注于传统的国外航空出版物。然而，多年来并未对航空发展趋势和航空业出现的问题进行专业分析。而在自身专业领域提前进行技术储备恰是组织和管理科学领域的一个重要内容。

因此，科研领域中科学和技术潜力急剧下降，目前航空科学管理系统无法保证科研机构之间、科研机构和航空企业之间的协同合作。该管理系统应在其权限范围内具备如下协调能力：

——进行全面的研究；

——保证科技储备的持续性，并将其应用于工业领域；

——科研机构和工业企业之间相互监督；

——跟踪工业和贸易部的战略思路。

航空科技发展的财政问题

目前国家科技发展政策与航空技术设施建设规划不相适应。民用航空领域现状分析表明，2006—2007年，科研总经费增加寥寥（待融资的研发项目大幅增加）。"突破性"产品的研究，包括新型中短程飞机，并未获得有力的技术支持。

时至今日，军用航空技术领域的科学技术储备仍备受冷落。在其领域内建立的科学技术储备，很可能无法满足国防部航空技术领域的具体战术技术要求。国家军备规划的分析表明，建立未来新型军用航空技术储备既不现实，亦无法实现。

当前的资源条件不利于初始阶段航空科技的创新（科学技术储备、研制构想等），目前，航空科技领域的研发资金还不到航空技术设备研究经费总额的0.5%，而在1970—1980年，苏联用于航空科技研究的经费为4.5%，美国同期为8%~10%。

然而，2020年国家国防订单规划与国家武器开发项目规划，并未包括航空科研发展和研制前瞻性航空技术设备的试验项目。上述文件的主要目标集中在通过购买军事航空技术以及维修服务来保持现有军事编队的战斗力。在形成主要战略构想和创建航空技术设备方面，已有的订单和研发机构是远远不够的。

国内航空制造业科研和试验设计机构的当前状况详见俄罗斯和国外民用和军用航空发展规划财政资金对比图。俄罗斯科学技术储备的研发总金额是欧洲和美国的1/10，甚至1/20。因此很难与其竞争。

民用和军用航天技术领域的科学技术储备工作并未获得财政支持。为与世界其他国家在航空科技方面进行有力竞争，应增加财政资金投入。

航空科技战略发展问题

根据科技和工艺领域的全国目标，在创新发展的原则基础上，目前需要解决的问题是明确科学研究和试验设计的未来组织形式。目前主要资金来源（包括建立科技部门）是依赖联邦专项规划《2002—2010年及2015年俄罗斯民航技术发展规划》。按照专题研究方向，在俄罗斯联邦工业和贸易部短期合同（持续时间1~3年）的基础上，保证俄罗斯航空工业发展的科学研究工作。

现行《2015年俄罗斯航空工业发展规划》主要解决的是企业发展问题，并不能作为解决航空科技问题的指南。

2006年，其分析内容包括，俄罗斯政府长期发展构想中反映出战略基本评定和建议，战略中所包括的在俄罗斯建立高效创新系统和提供国家研究效率项目计划应服务于各领域（应用）战略研究总体方向。

针对俄罗斯联邦科学与创新发展战略，制定了《战略经济发展部门应用科学发展规划的有效定位》。

为确保未来国产飞机、直升机以及其他航空技术设备的竞争力，必须解决一系列问题。目前亟待解决的首要问题是，研究并确定航空技术装备长远科研发展规划。

由于缺少民用航空技术规范，在航空制造创新领域，科学研发远期规划发挥着主导作用。国家应首先明确在这一问题上的立场以及航空科学与其他行业实体（如直升机、发动机）之间的相对地位。

应依据科技研发能力和任务，并结合国外航空领域最新状况，进行科技研发工作的远期规划。

航空科学部门的经费问题

目前，联邦专项规划负责科研经费的划拨，研究所暂无用于创新研究的固有资源；以上情况必然会导致科学技术储备进展迟缓和质量低下。当国外航空科学技术领域出现突破性创新时，本国行业性研究所却无法及时有效地开展专项研究，亦无法锁定新的研究方向。

针对开展科学研究工作的合同签订问题，联邦专项规划确立了招标制度，但该项制度不利于科学活动的专业化原则。行业内唯一的权威科学组织为了结合自身专业，开展研究工作，经常会被迫承担竞标开支。

在解决航空制造业的远期（未来10~15年）创新任务方面，科学研究所这类组织并不被看好。

科学研究所主要通过与航空技术设备研发人员直接签订合同的方式，进行应用研究。此外，科学研究所还依托联邦专项规划，通过与俄罗斯联邦工业和贸易部签订合同的方式获取经费，开展其他研究活动。在军事航空领域，科学研究所依托国家武器装备规划，与俄罗斯联邦国防部订货管理局及空军军事科学委员会签订合同。理论上，科学研究所可与所有有关项目规划部门签订合同以获取经费，但这种情况并不常见；通过与其他行业的企业以及私人公司签订合同所获取的经费也十分有限。

综上所述，通过联邦专项规划获取经费这一机制存在缺陷。针对签订合同所实行的招标机制无法为科学研究所提供合理的远期工作规划，这一情况与航空领域研究工作的特有周期性规律相违背。从招标和合同签订实际情况可以看出，大部分招标与合同签订均集中在下半年（11月份之前）；根据法律要求，每年仅有2~4个月时间用于相关工作；相应地，科学研究所只能在当年年底前数月才能获得主要经费。此外，科学研究所无法对总经费进行资金再分配（除利润外），故无法解决科学技术储备问题；客观上，由于过多不确定性因素，科学研究所也无法对科技储备进行详细规划。

根据以上情况，目前影响国家航空科学部门正常运转的不利因素概括如下：科学研究工作缺乏长期规划（规划所需经费来自预算经费，本应足以将研究员的薪酬维持在较高水平）；资金匮乏制约了科研骨干的培训，造成人才流失，还阻碍了行业性科学研究所实验生产基地的正常发展，无法保障未来所有必要的研究方向。

单纯的追加经费并不能确保经费的结构合理性。联邦专项规划负责航空科学领域的国家拨款，以具体项目研发为目标，为超前科学技术储备的建立提供了些许可能性。目前，联邦专项规划用于明确远期研发项目和研究方向，但其调整过程漫长而艰巨。因此，研究所不能迅速转换研究内容，时常有脱离世界航空科技发展趋势的风险。此外，为国防部研发航空技术设备样品的科研经费也出现了严重问题，直到数年后才开始考虑部分研究方向的经费划拨问题。

航空科学领域国家拨款的组织结构与管理系统的效率提升息息相关。只要仍维持现有航空科学现有管理系统不变，部分经费解决方案无法从根本上改变现状。

目前，联邦专项规划的完成情况是行业性航空科学管理成效的主要评估标准。联邦专项规划中包括专项指标，通过此类指标可以检查规划落实情况。虽然联邦专项规划负责解决战略任务，但并非意味着所有问题都能迎刃而解。比如，恢复国产航空世界地位这一目标就无法实现。将联邦专项规划任务（《民用航空技术设备发展……》《国家技术基地》和《国防工业综合体发展》）和武器军备发展任务整合为国内航空业发展的综合性任务，这一举措并非能在航空工业管理层面进行，而是在组织—执行层面进行。这纯属航空科学领域的管理问题。由于航空领域缺乏综合性战略发展规划，行业性科学研究组织无法科学地筹划实验基地发展，也无法出台人事政策。因此，阻碍了生存模式向持续发展模式转化进程。

航空科学部门发展的综合措施

航空科学企业和机构的综合措施方案，应结合下列基本要求（标准）进行：

——现行法律、俄罗斯联邦 2010 年及远期科技发展政策原则的目标和任务、2015 年航空工业发展战略、国家武器装备规划、《2002—2010 年及 2015 年民用航空技术装备发展》联邦专项规划、《2007—2010 年及 2015 年俄罗斯联邦国防工业综合体发展》联邦专项规划；

——旨在实现战略目标的综合措施方案，应充分考虑航空科学企业和机构的结构与运行特点，应具有组织、技术和经济方面的合理性与有效性。

鉴于科学技术领域各部门的结构改革，俄罗斯联邦政府批准了《2015 年航空工业发展战略》（以下简称《战略》），根据该《战略》要求，须保留国有航空科学部门。《战略》指出，应用科学领域仍存在若干重大问题，该领域内的各机构主要通过预算经费应对上述问题。将创新过程的应用环节完全转化商业领域，此举既无可能，亦不合理。

合并航空科学企业和机构

近年来，通过对航空科学机构的多套研究综合保障方案的评估，得出以下结论：目前最佳方案是建立国家研究中心。

国家航空制造业研究中心是科学机构，同时也是联邦预算机构。航空科学机构的编制体制包括两级（见图2-15）：

第一级——国家研究中心，负责航空科学的主要整合环节，组织计划实施并协调科学研究工作。

第二级——科学技术权威层，负责建立必要的科学技术储备，用以研制具有竞争力的各型航空技术设备。

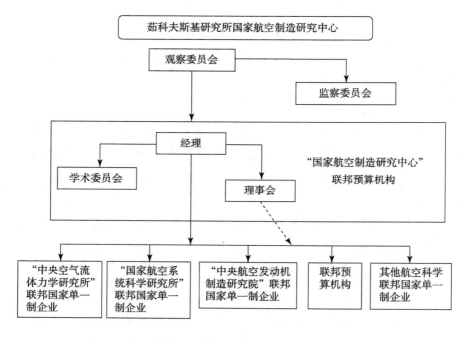

图2-15　国家航空制造研究中心创建时的一体化结构

航空科学编制体制二级机构由一系列行业性科学研究所构成，具有联邦国家单一制企业的法律组织形式。该一体化方案中，可将数家联邦预算机构纳入二级编制；国家研究中心为有效履行俄罗斯联邦政府所赋予职能，上述联邦预算机构是必不可少的。此外，还可以组成单元或分支结构的形式将同系列企业和机构并入国家研究中心。

目前，建立统一科学结构的标准法律基础正处于完善阶段，尚未完成制定工作。其中，人们较为熟知的项目是建立了国家研究中心项目——库尔恰托夫研究所。

结合2011年年中情况，俄罗斯联邦针对茹科夫斯基研究所国家研究中心出台了总统令草案。根据草案要求，茹科夫斯基研究所国家研究中心是最重要的科学机构，对其所辖机构行使预算资金管理权。俄罗斯联邦预算为国家研究中心活动经费单独拨款（其中包括开展重大探索性研究、巩固发展实验和科技基础）。国家研究中心根据科学研究工作规划，为其下属机构划拨经费。

俄罗斯联邦中心对其所辖国家单一制企业和联邦预算机构拥有资产所有权。

根据总统令草案，俄罗斯联邦政府成立了俄罗斯联邦茹科夫斯基研究所国家研究中心。

国家研究中心经费结构

国家研究中心的预算包括：

——通过俄罗斯联邦工业和贸易部从联邦预算中获取预算经费；

——法人和自然人的自愿捐与捐赠品；

——通过实验基地的合同收入（包括与国外客户所签合同）；

——出售应用性研究成果的知识产权。

利用国家预算经费所获的工作成果归国家所有，不能用于商业目的。

国家研究中心的管理结构

下列各机构负责国家研究中心的具体管理工作：

国家研究中心监察委员会为最高管理机关。

国家研究中心理事长代表国家行使国家研究中心领导权,负责每年向工业和贸易部提交国家研究中心活动的财政报告并提出未来工作方向与拨款相关的建议。

国家研究中心理事会在理事长领导下对国家研究中心的运营进行管理。

国家研究中心审计委员会为国家研究中心财务监督机关。

国家研究中心学术委员会为隶属于国家研究中心理事长的协商和咨询机构。学术委员会由最权威的研究员组成,根据协调情况,还包括俄罗斯科学院和相关专业企业代表。

国家研究中心理事会负责管理资金流动和日常运营、管控综合体研究所的经济活动、为国家研究中心理事长准备材料、组织实施科学研究监管工作。

国家研究中心学术委员会负责听取各研究方向负责人关于所执行科学研究任务的报告、制订科学研究工作计划、评定技术储备水平并布置工作、就新学科领域的发展问题向国家研究中心理事长提供建议,负责国家研究中心与其他机构(包括俄罗斯科学院旗下的研究所、相关领域的技术大学)的协同工作。

顺利落实航空科学部门的结构改革方案可确保以下优势:

——通过建立统一的国家中心,整合国有航空科学部门各企业的科学研究潜力,国家中心的管理职能包括计划实施、资源保障、活动协调及监督;

——在航空科学部门联合企业负责人和主要专家参与下,通过集体管理机构制定统一的科技和人事政策;

——确保实验基地统一发展规划的平衡性;

——结合国家优先权,明确发展战略,旨在优先满足国家航空工业需求;

——针对航空工业和其他经济领域的企业和组织实施统一的创新

政策；

——综合审核航空工业企业的项目提案；

——提高科学技术研发和技术工艺竞争力，在世界技术市场实施统一的市场营销策略；

——向国际科学界充分展示俄罗斯航空科学的地位。

航空科学部门发展所面临的技术问题

各业务环节采用信息通信和计算机技术是航空科学部门技术成功发展的必要因素。

航空领域面临的主要挑战是产品研制难度显著增加。目前，不仅需要制造飞机，还需要基于运输系统制造运输工具（此类工具可提升经济和政治组织消费性能的集成度）；还需基于局部乃至全球范围内各类冲突中的作战任务系统研制战斗子系统。

在此情况下，随着环境的不断变化，产品生命周期各阶段升级改造任务的研究范围显著扩大，不断涌现出新的研究方向、额外的最优化准则以及日益复杂的优化任务。

鉴于产品研制难度提升，需开发与之相适应的研制系统。

信息通信和计算机技术的运用应确保实现以下目标：

制定并推广全行业机制，从整体上强化俄罗斯联邦战略预测和规划能力，提升科学部门和航空制造综合体的管理水平；改进航空制造综合体同各机构组织的协同关系，上述机构组织包括联邦立法和行政机关、其他国家管理主体，以及其他工业领域的企业和机构。

创建基于统一信息通信基础设施的强大集中计算资源、协调信息资源系统、全行业统一用户服务系统，以便开展多学科研究任务，以确保航空领域国家创新规划在协调和监控执行过程中与世界科学研究和技术水平保持一致。

建立并维护基础设施，从而协助行业统筹中心的国家规划和项目管理工作，中心的职能包括实现统一和标准化、获取并积累数据、进行情景模拟、分析处理数据并积累知识，为决策者（即所谓的利益相关者）提供信息。

研发信息资源的高效实现系统，以提升生命周期各阶段未来航空技术设备国家项目的审核效率。

创建并维护行业无形资产储备，将其作为主要的积蓄和消费性能评估标准，提出并推广国家规划执行过程中所获得的知识成果。

创建并维护创新技术中心，主要负责研发、积累工作，开发并推广技术平台、模拟新技术演示的系统和设施。

建立统一信息通信基础设施必须具备如下整合的计算机资源：

——超级计算机，以及基于国产技术开展科学计算的先进软件包；

——基于统一信息空间概念的计算—实验研究数据库和电子文档；

——算法、程序和数学模型资源，为科学认证积累数据。

统一软件服务中心科学产品供货和有效利用机制，上述产品主要服务综合多学科计算—实验研究。

信息资源高效实现系统，主要提升生命周期各阶段未来航空技术设备国家项目的审核效率。

联合航空科学中心中研发并应用创新潜力一体化机制（比如信息通信和计算机技术）是保障未来研究和研制工作的必要条件。

综上所述，航空制造科学部门一体化进程的主要问题总结如下。

（1）俄罗斯10年间组建的航空科学部门可解决大气飞行的综合性问题，保障当前各型知名飞机的研发工作。航空制造科学部门在保障航空领域国家利益方面的主要职能包括：

——建立科学研究和技术储备；

——系统研究并制定航空领域国家政策；

——制定基础标准并保证对航空领域实施国家管理；

——对航空工业企业的项目建议进行国家审核，结合国家安全利益和社会经济领域潜力进行开发，为新项目的初期研发提供建议。

（2）目前，老旧飞机设计方案实际上已遭淘汰，航空科学正处于新的突破性技术拐点，利用这些技术可建造更有效的航空技术设备。为了从本质上提升国内航空科学研究成效，必须综合解决多项任务，包括：

——制定航空领域战略发展规划，并在此基础上制定航空科学未来发展规划；

——完善国家航空科学部门管理机制；

——优化航空科学部门拨款机制。

（3）国内航空制造业长期发展计划包括建立科学技术储备，经过10~15年可研发出全新的技术。为统筹安排上述进程，须基于《技术规划》和《技术平台》将规划目标方法同理论研究相结合。

（4）整合各行业的研究工作，可提高任务的完成质量和效率，任务包括：

——航空技术设备的系统性研究、概念研发及发展规划；

——完善俄罗斯国家实验基地；

——制定航空领域的基础标准。

（5）联合科学行业综合体可建立稳固的技术链："搜索研究——建立科学技术储备；最终演示——基于实验设计工作的技术任务，建立合理的产品系列"。

（6）对规划和方法、数据库结构和信息测量系统的结构基础进行协调研究可节省建立科学技术储备的开支，包括：

——启动"突破性"技术方案和工艺示范项目；

——进行科学技术储备的基础性研究和探索性研究；

——培养科研骨干。

（7）航空制造业联合科学部门的法律形式也可以是"国家研究中心"的形式，由联邦法律草案进行界定，草案由俄罗斯政府提交至俄罗斯联邦会议国家杜马进行审议。

第三章 创建一体化结构的理论基础

3.1 国防工业综合体的国有企业管理：控股公司、金融工业集团、康采恩

20世纪90年代初国防工业综合体开始实行分散管理。苏联解体导致组织、工艺、经济、金融各领域联系上的断裂，需要亟待加快自我组织化进程。独立企业和集团企业不得不寻找新的合作形式，以适应发育中的市场化管理机制。

在自我组织过程的影响以及国家专项调控下，金融工业集团、康采恩、有限（股份）公司、控股公司、一体化结构等开始萌芽，2007—2008年进入现在结构阶段——国有集团公司和大型专业公司。

上述组织形式的结构依据是各系统的垂直一体化原则，且唯一的控制中心通过不同机制控制下属机构。其中，控股公司的总公司（或信托公司）通过持有下属机构一定的股份这一机制，领导子公司的经营活动。

国防工业综合体一体化结构的实际建立和运行过程的分析结果显示，其组织建设有时并非有条不紊地进行。通常，一体化过程的建立受当时的条件制约，形式上引入了世界经济中现有的组织结构。这种

方式以及设立、经营活动方面法律规范的不完善均会导致该模式下一体化结构的效率低下。

因此，国防工业综合体的一体化结构分类（见表3-1）具有重要的意义。通过参考资料的研究，找到分类依据，在此基础上进行一体化结构的分类。分类结果显示出一体化结构的多样性，同时也表明建立相应法律基础的重要性。

表3-1 基于不同标准的公司结构分类

分类标准	公司结构种类
根据参与者之间的关系	控股公司 建立在集中资源基础上的信托公司（非控股公司）
根据相互关系的稳定性	长期稳固的相互联系 短期相互联系
根据相互关系的类型	垂直一体化 水平一体化
根据与国家的相互关系	国有企业 国家强力介入的企业 与国家关联程度不高的企业 国有产权转让给现有法人实体的企业 国有产权转让给新法人实体的企业 为实施国家特别项目而成立的公司
根据一体化程度	基于国有资产经济单位的行政直属 基于公司资产的严格一体化 控股公司（全部控股，部分控股） 交叉控股 特定职能或经营（营销、研发等）领域的部分合作 长期合同关系
根据一体化的起源	国家决策确定 前身为工业企业 以特定资产为基础

续表

分类标准	公司结构种类
根据目标设置	现有名录框架内的生产增长 产品多元化 提高出口能力 节省财务支出 击败竞争者 开展研究和开发 执行国家采购
根据资源供应	国家支持 自有资源 通过银行贷款融资
根据采用的报表制度	合并财务报表 不合并财务报表

1991年3月22日，国家通过有关商业组织和非商业组织设立、重组的法律[166]，开始实施调控和整顿一体化进程和结构。该法律设置了单独条款（第17章），明确了国家控制商业组织和非商业组织的设立、重组和清算方法及规定，如必须得到反垄断机构的预先同意等。

1993年颁布了在俄罗斯境内设立金融工业集团相关程序的总统法令，根据该法令，金融工业集团具有企业法人的地位。

1995年通过的《俄联邦金融工业集团法》，明确了"金融工业集团"的定义和地位[168]。1996年4月颁布的俄罗斯总统令，制定了一系列促进金融工业集团设立和运营的措施。

这些立法行动强化了一体化进程的法律基础，也为接下来国防工业综合体的一体化奠定了法律依据。

《俄联邦金融工业集团法》为在俄境内金融工业集团的设立、营业活动和清算提供了法律依据。金融工业集团被定义为母公司、子公司等法人实体的综合体。根据有关设立的相关规定，上述法人实体须全部或部分合并各自的有形资产或无形资产。设立金融工业集团的目的在于促进工业或经济上的一体化，以进行投资或其他类型的工程和项目，提高竞争力、扩大产品、服务的市场份额和销售额，提高生产效率，创造新的就业机会。

签署设立金融工业集团合同的法人实体是法律承认的金融工业集团的参与者，这些法人实体和它们共同设立的中央公司（或是母公司和子公司），共同构成金融工业集团。金融工业集团可以包括商业组织或非商业组织。在集团的参与者中须包含一些从事产品生产和服务的公司，还要有银行和其他信贷公司。国家和市级单一企业以确定其财产所有人为条件，亦可成为金融工业集团的参与者。也可以包括投资研究所、非国家退休基金或其他非国家基金、保险公司，其参与受投资角色的制约。

金融工业集团的中央公司，是由所有签署设立金融工业集团合同的参与者共同创立的企业，也可以是法律或合同授予全权参与集团事务的母公司。

金融工业集团的分级原则以及组成中须拥有金融结构，这是金融工业集团的主要特点。需要注意的是，金融工业集团并不是俄联邦民法典规定的独立自主的法人实体的法律组织形式。

在俄罗斯经济背景下，金融工业集团设立的过程整体上走上了符合当今世界发展趋势的轨道。在金融工业集团框架下，工业和银行资本的一体化，为科技发展和创新奠定了基础。这一特征体现在国防工业综合体各个领域。

"乌拉尔工厂"金融工业集团是一个实例，它是俄联邦首批批金融工业集团。创办者为一些大型的工业企业："伊孜玛什"股份有限公司、"萨拉布里斯克发电机"股份有限公司、"萨拉布里斯克无线电"股份有限公司和"希姆玛什"股份有限公司。国防工业的转型、投资需求增长，以及俄罗斯国内新型市场经济管理形式的出现，是"乌拉尔工厂"金融工业集团成立的基础。

另一实例——"飞速舰队"金融工业集团。该集团创立于1994年12月，专注于动力支持原理的高速船只和舰艇及其动力设备的研发和制造。创办者包括各种不同所有制形式的企业，如负责船只设计和生产的科学研究院、设计局，还包括多家银行和投资结构，如"R·E·阿列克谢耶夫水翼船舶中央设计局"股份有限公司、"旗舰船舶制造"股份有限公司、"雅罗斯拉夫尔船舶制造"股份有限公司、"日丹"股份有限公司、"海王星中央设计局"封闭式股份公司、"星星"股份有限公司、"斯威尔造船"股份有限公司、联邦国有单一制企业"哈巴罗夫斯克造船厂"，以及其他一些企业。"飞速舰队"金融工业集团目前仍运营良好。

2007年之前，由于俄联邦通过了新的俄联邦民法典、海关法典和税务法典，其条款与现行《俄联邦金融工业集团法》相冲突。鉴于此，为减少国家对法人实体业务活动过度调控，删除多余、重复的内容，以及从根本上减少相关领域联邦机构的职能，2007年7月22日，通过了联邦法律第115号——《废除〈俄联邦金融工业集团法〉的决定》。

《俄联邦金融工业集团法》的废除并没有造成现有金融工业集团的清算，营业活动仍遵守俄联邦民法典和其他联邦法律的相关规定[170]。

国防工业综合体的一体化结构同时拥有金融工业集团和控股公司两种组织形式。

而控股公司设立的相关法律规范尚不完善。因此，2001年6月27日，国家杜马通过了俄联邦会议国家杜马第1696 - Ⅲ号关于《重审〈俄联邦控股公司法〉》的决议（99049555 - 2号草案）。随后联邦委员会否决了该法案。但其中对控股公司的相关规定值得一提。很重要的一点是，该法案草案明确了"控股"的法律定义。控股是指两个或两个以上法人实体（控股公司的参与者）的总和，法人实体之间为控股关系，其中一个参与者（总公司）以决策权控制其他参与者营业活动的控制关系。控股公司可由不同组织形式的公司组成，俄联邦法律另有规定的除外。

只要具备以下条件之一，即可形成控股关系：

——作为股份制有限责任公司或合伙公司的总公司，持有其他法人实体的大部分资本；

——总公司和控股公司的其他参与者，或总公司和其他法人实体（控股公司的参与者）的参与者（或创办人、股东、合伙人）签订合同。

——如果控股公司所有的参与者都是国家单一制企业或是有控股权的股份公司，由财产所有人决策。

需特别指出，"控股公司"和金融工业集团组织形式之间间接的法律关系是：控股公司的国家登记应遵循《俄罗斯联邦金融工业集团法》的规定。

虽然之后《俄联邦控股公司法》仍未获得通过，但在实践中，有单独的法规作为控股公司设立的基础。如1992年11月16日颁布的第1392号《国有企业私有化产业政策的实施措施》总统令（2003年3月26日修订）（包括《对国有企业改组为股份制控股公司的暂行纲要》），以及国有资产委员会1993年4月30日发布的第АЧ-19/3009号公函《俄罗斯国有资产委员会、资产管理委员会和国家反垄断机构在国有企业重组、建立控股公司过程中的协同关系》。

控股公司形式一体化的典型实例是"苏霍伊航空控股公司"。该公司1996年根据俄联邦《关于建设国家单一制企业"苏霍伊航空军工综合体"》的总统令而创立。该控股公司由以下公司组成："苏霍伊实验设计局"股份有限公司、"阿穆尔河畔共青城Y·A·加加林航空生产联合"股份有限公司和"新西伯利亚V·P·契卡洛夫航空生产联合"股份有限公司。总公司为"苏霍伊"股份有限公司，该公司控制另外两个公司的国有股权，分别是"塔甘罗格G·M·别利亚耶夫航空生产联合"股份有限公司和"伊尔库特"股份有限公司。

康采恩的一体化结构可参考以下几个实例。

2004年9月，俄联邦颁布第1187号《AVIONIKA康采恩》总统令。根据2007年新修订的章程，该康采恩的主要业务是为国家航空和民用航空现代化飞机、直升机、无人机提供整套航空电子系统和设备的研发、供货、维护和升级，以发展经济、保卫俄罗斯的国防安全。同时也为出口他国的飞机、直升机、无人机提供研发、授权生产和售后服务。

康采恩的注册资本吸纳了"日出航空仪表"股份有限公司（50%+1股）、"AVIONIKA跨部门科研生产综合体"股份有限公司（34.17%）、"Pribor仪表"股份有限公司（50%+1股）、"拉缅斯基仪表制造"股份有限公司（50%+1股）、股份有限公司"G·A·伊里延科ELA–RA科学生产综合体"（48.95%）和"Techpribor科技仪表"股份有限公司（50%+1股）。俄罗斯联邦在该康采恩的注册资本中占61.24%股权[171]。

"织女星康采恩"根据2004年4月28日颁布的第569号俄联邦《关于"织女星"无线电工程康采恩股份有限公司》总统令设立。其主营业务方向是研发、生产、销售、售后和维修服务陆地、空中和太空站的雷达设备、跟踪监测系统的升级和有效利用，重组和壮大加入康采恩的企业，提高企业的经济效益，提升资产价值，以提高康采恩的资本化水平。

"织女星"无线电工程康采恩为一体化结构的总公司，一体化结构还包括以下公司：

——"库伦科学研究所"股份有限公司，莫斯科市；

——"光线设计局"股份有限公司，雅罗斯拉夫尔州，雷宾斯克市；

——"红宝石科学生产公司"股份有限公司，奔撒市；

——"雷宾斯克仪表制造"股份有限公司，雅罗斯拉夫尔州；

——"车里雅宾斯克飞翔无线电"股份有限公司，车里雅宾斯克市；

——"莫斯科通讯科研院"股份有限公司，莫斯科；

——"Etalon全俄科学研究所"股份有限公司，莫斯科；

——"克什特姆无线电"股份有限公司，车里雅宾斯克州；

——"织女星康采恩工程和市场中心"股份有限公司，莫斯科。

根据2009年3月20日颁布的第297号《关于"织女星"无线电工程康采恩股份有限公司》的联邦总统令，"织女星"一体化步伐再次加速，康采恩又吸纳了11家无线电电子工业公司。

"大洋仪器"康采恩根据2004年2月3日颁布的第132号总统令和2004年8月4号颁布的第10号法令依法成立。

"大洋仪器"康采恩设立的目的是保护和强化企业在声呐方面的科技、生产实力，并将其有效运用到声呐系统综合体建设的实践中。

康采恩的主营业务为：提供军舰、民用船只声呐设备的研发、生产和维护，开展水声学、声学领域的研究，提供出口声呐设备和系统的开发、生产和销售及其售后、授权生产等服务。

康采恩的结构

总公司："大洋仪器"康采恩股份有限公司

子公司（74.5%的股份由总公司持有）：

——"塔甘罗格浪潮"股份有限公司（罗斯托夫州，塔甘罗格市）；

——"布瑞斯科学研究院"股份有限公司（罗斯托夫州，塔甘罗格市）；

——"阿赫图巴生产综合体"股份有限公司（伏尔加格勒）；

——"施季利水下通信科学研究院"股份有限公司（伏尔加格

勒）；

——"布斯克水运仪器"股份有限公司（圣彼得堡）；

——"北极星"股份有限公司（阿尔汉格尔斯格州，北德文斯克市）。

非独立企业（30%的股份由总公司持有）："水运仪器"股份有限公司（圣彼得堡）[172]。

以上实例说明，在国防工业综合体建立一体化结构时，并未考虑形式上原则性的差别。既可以是康采恩，也可为控股公司或金融工业集团。关注的焦点集中在管理系统的分级建设上，领导者当时采取的决策是顺势而为。21世纪初的主要任务是，按照联邦专项计划《2002—2006年国防工业综合体的重组和发展》，实施一体化结构的建设。

3.2 企业管理学中的"一体化结构"概念

在苏联时期，为了应对一些具体的国防领域问题，专门成立了由专业化企业、科学研究院和设计局组成的一些联合公司。这些联合公司的典型特点是严格的垂直化分级管理。

这一模式曾被应用到科学生产联合公司的组织建设中。苏联解体后，又被应用于建设商业化科研与生产这种新型合作组织中。

20世纪90年代，开始出现控股公司、金融工业集团和集团公司。

为了分析造成这一过程理论基础，上述组织形式可统称为"一体化结构"。根据上述几种主要组织形式产生过程中的法规差异和组织特点，"一体化结构"的概念应运而生。

首先需明确管理学中"一体化结构"的定义。从语义上来说包含两个基本要素。第一，所有参与者结合为一体的基本原则；这里特指多层分级建设的原则。第二，一体化参与者内部关系的多职能性，且在管理、财务的相互关系上也拥有这种多职能性。

因此，从广义上说，"一体化结构"指多个原来相互独立的经济主体依法结合成单一实体，以促进相互协作，达到共同目标。该实体拥有一个专门的全权管理分支（即总公司）。单一实体依法设立并不意味着一定要作为独立的法人实体进行注册。也可以是一体化结构的成员之间按照市场合作惯例签订具有法律约束力的协议。

在这一问题上俄罗斯法律长期存在不确定性。金融工业集团的成立，使得这种一体化形式的合法化变得异常必要。于是俄联邦1993年颁布总统令，明确了在俄联邦设立金融工业集团的程序[173]，从此金融工业集团获得了法人地位。但是由于该法令的不完善性，加之经济领域发生的一些客观变化，在后来颁布的俄联邦民法典中又出现了新的规定。根据民法典，多个企业或组织结合成为单一法人实体的唯一形式是联盟（或协会），而联盟（或协会）只能是非商业组织。最终，1995年11月30日开始施行的第190号联邦法律《俄联邦金融工业集团法》，取消了金融工业集团的法人地位，不过仍需进行国家登记。

在国外，各种一体化结构（如德国的康采恩，美国、英国的控股公司）一般在法律上不具备法人地位。不过在乌克兰，联盟、康采恩、集团公司、财团都是法人[174]。

现代企业管理学科学文献对术语的定义极为重视。对于"集团公司"最广为接受的是以下几种定义。在这里，可理解为"一体化结构"[175]：

——实际上是"股份公司"这一术语的同义词。

——一种特别的股份公司，其特征为跨国运营、规模庞大、在市场上占据主导地位等；

——自然人和法人或社会公益资本的结合，即法人——经济合伙公司（非营利组织机构、生产合作社除外）；

——多个法人的联合公司（巨型公司），不具备法人地位。

——包含三个部分的经济体系——财务、工贸和管理（这里法律意义较少）；

——具有独特企业文化的公司，如最高限度的中央集权化，领导独裁专制，与其他联合公司对立等（有别于个人主义的公司）。

因此，原来相互独立的多个经济主体按照多级分层原则结合为单一实体，其结构根据单一实体目标和任务的不同分为多种类型。考虑到"集团公司"和"一体化结构"组织方式的多样性，接下来将会研究国防工业综合体现有的几种主要管理结构类型。

管理结构优化原则

公司管理结构（也称组织结构）——指公司系统内部各特定职能分支之间的相互关系，即在制定实施管理决策过程中的相互关系。内部结构的关联方式是组织职能结构的重要参数。

组织结构的三要素分别是管理水平、管理单元和管理关系。参考文献[175-184]研究了一些管理结构的基本类型：直线型、直线—职能型、事业部型、参谋型和矩阵型。管理结构随着公司规模的扩大、时间的推移、管理方法和技术的发展不断进化。其中，最简单的是直线型管理结构。

直线型结构

在直线型管理结构中（见图3-1），每个负责人管理下属部门的所有活动，而每个下属只向一个上级汇报工作，所有管理和被管理关系严格遵循一体化的等级原则。

在发挥职能上直线型管理具有明显优势。它的好处是简单、节约、一长制，关系清晰。每一个层级的责任都很明确，有利于快速、准确地执行管理决策。这种管理结构通常应用于职能目标稳定、无须随机应变的企业或发展平稳的企业。

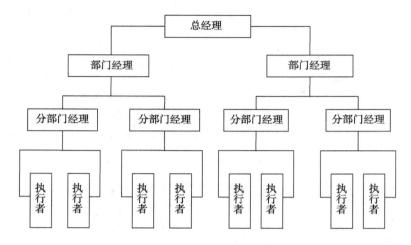

图 3-1　直线型管理结构

主要缺陷是对负责人的素质要求较高，需随时权衡、协调并做出决策。由于缺少横向的相互协作，不可避免地，所有管理结果必须经过分级结构的顶端，决策者不得不承担过重的负荷。

综上所述，直线型管理结构一般适用于规模较小、领导或老板亲自控制各种业务并采取必要决策的公司。

在直线型的国防工业综合体中，通常设立单独的分支机构，以执行超出最高层级职能范围的特殊任务。

直线—职能型结构

与简单的直线型结构不同的是，直线—职能型结构（见图 3-2）的职能单元更为复杂。以直线结构为基础，在各级负责人下设置相应的职能部门，以执行服务性质或支持性质的任务。

直线—职能型的性质特征是管理职能的分化。直线上的部门负责人执行主要的管理职能，而职能部门负责人不能直接影响直线型，需要通过上级领导间接施加影响。

这种管理结构类型的主要优势是，保持了直线型结构的可管理性

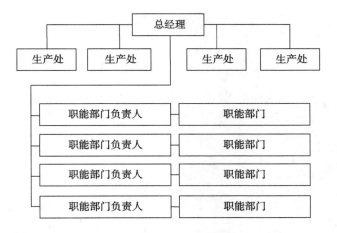

图 3-2 直线—职能型管理结构

和高效性,能够专门执行某些职能,从整体上提高了管理能力。通过这样能够扩大该结构类型的职权范围以解决不同的管理问题,提高了应变能力。运用该类型的管理结构可解决更多不同的管理任务,灵活应对外部环境变化,适用范围更广。

直线—职能型的管理结构的适用范围是从事较为复杂业务的中型企业。

事业部型结构

事业部型的管理结构(见图3-3)是直线型结构和直线—职能型结构进一步发展和逐步复杂化的产物。事业部结构建设的基本理念是管理功能的分散化,部分职权分立出来授予若干个事业部的负责人,公司的最高负责人不必控制所有的中间环节。

在事业部结构中,具体事业部和专门职能的管理明确分工。公司的关键人物是事业部负责人,与职能部门相互协作,开展各自的运营活动。在这种情况下,集团公司仅处理一些战略性事务。

历史上,由于国防企业规模急剧扩大、经营活动多样化、外部环

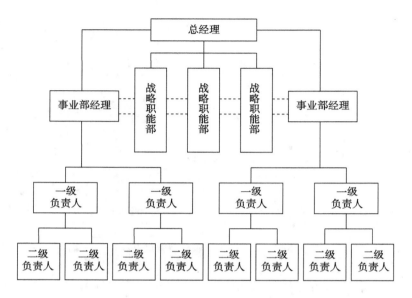

图 3-3 事业部型管理结构

境不断变化、生产过程日益复杂，一些国防工业综合体开始引进事业部管理机制。20世纪60—70年代，工业生产速度急剧增长，规模急剧扩大，这种组织结构得到广泛使用。

事业部型管理结构要求企业具备多专业结构建设的能力，灵活管理数量众多的分布于不同区域的分支机构，企业规模和员工数量不断增长，企业事业部制的优势得到极大发挥。

事业部结构的主要缺陷是单独分支机构趋于自治，而分支机构之间利益权衡的过程复杂。同时，职能结构重叠，造成管理人员臃肿，随机应变的决策能力较差。

参谋型结构

参谋型结构（见图 3-4）可以看作是管理结构的进一步优化。该结构类型的主要理念是在公司最高管理层或事业部领导层设立特别部门（参谋部），其任务是制定决策方案和协调所有决策的实施。通常，参谋部没有指挥和命令的权力。

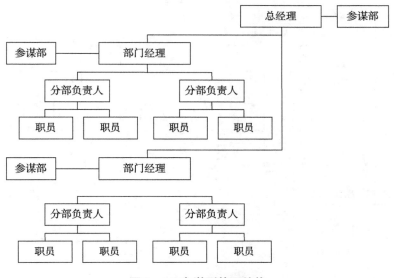

图3-4 参谋型管理结构

参谋型结构的优势在于提高了决策水平，决策方案更详细、质量更高，不仅提高了单独分支部门的职能效率，也从整体上提高了公司效率。

参谋型结构的主要缺陷是人员界定不清，制定决策方案的时间延长，降低了决策的责任感，因为制定决策、提供建议的人员，对决策的实施不负直接责任。

参谋型结构是现代企业管理主要的组织形式之一。

矩阵型结构

企业管理方式的进一步进化是建立矩阵结构（见图3-5）。这种结构的主要特点是每个具体的执行者（执行部门）要接受双重领导：垂直的直接领导和横向的项目领导。

由于这一特性，矩阵型结构有时也称为项目式结构或专案式结

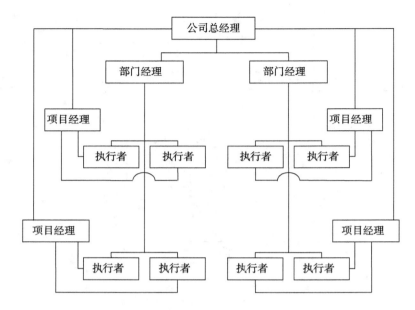

图 3-5 矩阵型管理结构

构。需要指出的是,项目式结构是一种新型的、以项目原则为基础的组织形式。项目结构建立的基本理念是定位于有目的的、具体化的活动,以实现经营主体提出的目标。项目一般是动态的,不固定的,在一定的时间范围内需要迅速做出反应。为实施项目,需要企业集中资源、不同部门之间协同配合。

矩阵型结构是最现代化的组织结构之一。其优势在于能够迅速应对突发情况,以具体目标为导向,这种方式能够提高管理效率,降低管理成本,缩短项目执行时间,提高管理水平。

同时,双重领导的原则不仅使负责人难以管理,对执行者来说也比较复杂。首先某些临时决策的责任不够明朗,容易产生冲突。同时,对员工和管理者的能力要求较高,还需要开展专门的项目培训。

在建设国防工业综合体一体化结构的实践中,通常采用混合型的管理结构。这尤其适合大型的一体化结构。例如,最普遍的做法是直线型与矩阵型相结合。标准的直线型结构用于执行企业的基础(传统）业务；而利用矩阵结构可灵活组成专家团队，执行一次性的非标准项目。

本节列举的五种基本组织结构是抽象的概念。在具体的国防工业综合体一体化结构的管理实践中，可行性分析应考虑在不同管理结构的企业的以下特征：

——最高管理层只负责公司的战略性管理，不直接参与具体项目的执行；

——设有专门制定管理决策的机构（参谋部），但对决策的实施不负直接责任。制定决策和进行决策的人员互不重合；

——设有专门分支执行具体的、形式化的职能（一般为辅助职能），以实施各种特殊项目；

——某些执行者和执行部门同时隶属直线型领导和项目领导管理的双重隶属制度；

——具有发达的（正式特许的）横向领导关系；

——必须严格遵守分级管理原则，不允许越过相应的（中间）垂直领导向下属部门分配任务或向上级领导汇报结果。

3.3 国防工业综合体一体化结构建设的方法学原理

20 世纪 90 年代初，在俄罗斯国防工业综合体重组的过程中，发现需要制定一体化过程的统一规则，以规范一体化过程的筹备与实施。而金融工业集团和控股公司的机制，并没有充分考虑国防工业的特性。

常规的统一规则的缺失，导致国防工业综合体某些具体结构一体化的发起人有时面临着相互矛盾的标准、法律规定及内部规定。现有法律的相互矛盾使一体化进程变得异常复杂。

甚至"一体化结构"这一术语本身，虽然在实践中广泛应用，却并无正式的法律解释。这种情况导致在适用的法律规定中，特别是对于财产关系的规定中，不同法律规定之间出现明显矛盾。而规范经济主体关系的俄联邦民法典中并无"一体化结构"的相关解释。

此外，国家先前实施的国防工业综合体结构化的措施，虽然确立了结构一体化的主要方向，却缺失实施上述目标的相关机制。一体化的实践活动遇到了相当大的体制阻力。

2002年政府曾试图改变这一状况。为实施联邦"2002—2006年国防工业综合体重组和发展"的专项计划，成立了专门委员会[185]，以制定一体化建设的统一方法。该委员会的任务是根据军工企业地理位置的区域特征，协调相关政府机构的行动，准备相关资料，提交俄联邦军工委员会会议审议。

2002年7月31日，俄联邦军工委员会第一次会议批准了俄联邦政府《建设国防工业综合体一体化结构的规定》的决议草案。

决议草案给出了一体化结构建设的详细规则，目的是协调政府机构的行动，为一体化结构制定统一要求、规定和统一审查标准，明确项目准备、验收和实施的具体方案。从而使文件准备与相关执行标准首次变得有据可依。

在文件起草过程中，研究人员遇到诸多方法学方面的困扰。政府机构的本位主义也为协调一体化各参与方的立场造成了障碍。2002年7月4日，俄联邦政府否决了一体化建设程序的提案，2003年4月28日，文件的修订版（MK－П7－4799号决议）再遭否决。值得注意的是，决议中对否决草案给出的理由之一，是"缺少法律调控的对象"——即"一体化结构"公认的标准。尽管如此，确立一体化建设程序的尝试仍在继续。

俄罗斯专项计划执行委员会会议，分别于2003年8月29日和2003年10月29日，重新围绕一体化结构建设程序草案修订版本展开讨论，并考虑了俄联邦政府的审核意见，然而新的修订版仍未获得批准。

2004年2月26日，俄罗斯目标执行委员会常规会议通过了《关于建设国防工业综合体一体化结构的方法学建议》草案，一体化结构建设规范这一问题终获突破。同年8月18日，俄罗斯工业能源部签署第70号《关于确认国防工业综合体一体化结构建设的方法学建议》的命令。

上述方法学建议使国防工业综合体一体化的进程，发生了本质的变化，变得具体化和形式化。

但根据"方法学建议"创建的文件有时并不够详尽。虽然根据文件提供的信息能够得出初步结论，俄罗斯专项计划执行委员会对提交文件审查后通常仍会发回，要求做进一步修订。一体化建设的计划因此遭受挫折。应该指出的是，项目法规的缺陷并非是主要原因。一体化企业的所有者之间的体制冲突、部门管理制度的利益冲突以及地方政府的阻挠才是主因。

2007年通过的俄联邦《2007—2010年，2010—2015年国防工业综合体发展》专项计划，制订了一体化结构建设时间表。但因计划屡屡流产的前车之鉴，不得不出台了新的《国防工业综合体一体化建设的方法学建议》。

2007年10月，2004版"方法学建议"被废除，第70号俄罗斯工业能源部令亦被撤销，取而代之的是新版《国防工业综合体一体化建设的方法学建议》[186]。

2004版与2007版"方法学建议"的对比分析如下。

2004版"方法学建议"是继国防工业综合体后，苏联发展时期首次尝试在体制层面科学处理重组问题。

该版本给出了"一体化结构"的正式定义，使该术语能够更准确地应用于法律文件中。一体化结构，即为多个法人实体的总和，包括一个主公司和多个分公司；或是一个联邦国家单一制企业和多个股份公司，其中联邦国家单一制企业持有大部分注册资本。

该定义与控股公司和金融工业集团的定义在某些关键内容上显然有本质的重合。

在某些情况下，一体化结构也可为多个股份公司（或多个国家单一制企业）通过合并或兼并的方式重组形成一个股份有限公司（或联邦国家单一制企业）。主公司或联邦国家单一制企业即为一体化结构的总公司。

2004版"方法学建议"中的一些措辞并未摆脱某些法律缺陷。例如，所创立的一体化结构是一个统一的分层结构化的管理机制，下属子公司在财务、经济和法律上归总公司管理。然而俄罗斯民法典并未规定母公司和子公司之间具有这种关系。根据民法典，母公司通过参与子公司的注册资本行使其管理职能。这样一来，一体化结构就不是一个法人实体，而是一个伴随有法律后果的经济实体。

2007版"方法学建议"对国防工业综合体一体化结构的解释是，国家强制参与的多个法人实体结合成的开展协同合作的联合公司，其中一个法人实体（这里指总公司）拥有对其他法人实体的最终决策权。

这种解释完全是对所有制的基本形式加以抽象后形成的概念，只假定了一体化结构分级建设的原则。

这种方法消除了之前的很多法律冲突，并大大简化了一体化结构建设的程序。

2007版"方法学建议"与2004版就一体化结构建设必要条件的规定保持了一致，如：

——与协作执行公司有稳定的协作关系，具有经济上的合理性；

——俄罗斯联邦武装力量，其他部队和军事机构对国产武器和专用军事技术装备的需求；

——发展（保持）出口能力，可保持国防工业综合体一体化企业金融经济的稳定性，有利于落实俄罗斯联邦的社会经济任务；

——生产有竞争力的产品。

根据2004版"方法学建议",一体化结构的实践应从系统设计开始,如组织结构图的确认和论证。一体化结构的建设中,组织结构图能够反映构成一体化结构的法人实体及其各自现有、建议的法律组成形式,一体化结构总公司的注资程序和方式,以及国家在各成员注册资本中的参与程度。一体化结构的参与者应保证无条件完成国家的军工订单,以实现国家武装计划和动员计划,执行军事技术合作的出口合同;同时确保一体化结构有效稳定持续地发展。

2007版"方法学建议"针对体系设计和一体化建设组织结构图,强调须严格按照俄罗斯联邦政府军事工业委员会批准的国防工业综合体一体化结构建设进度表进行。

根据2004版"方法学建议",一体化结构的总公司的法律组织形式可以是具有经营权的股份有限公司或联邦国家单一制企业。一体化结构的其他成员公司仍可保留现有的法律组织形式,与"工程"所选的总公司的形式无关。

而2007版"方法学建议"规定,一体化结构总公司的法律组织形式是股份有限公司。只有在个别情况下才可以使用联邦国家单一制企业的法律组织形式。

两个版本的"方法学建议"中,建设总公司法律组织形式为股份有限公司的一体化结构,可通过总公司持有其他成员的股份并注入自己的注册资本的形式来实现。若联邦国家单一制企业要加入这种一体化结构,则须改制为股份有限公司。

综上所述,根据两个版本的"方法学建议",建设一体化结构股份有限公司形式的总公司有以下途径:

——将在"工程"中被选为一体化结构总公司的联邦国家单一制企业改制为股份有限公司。若项目不需要在总公司的注册资本中注入其他参与者的股份,则被选为总公司的企业必须由俄联邦持有100%

的股份；

——设立一个俄联邦参与的股份有限公司，作为一体化结构的总公司。

2004年通过第一种途径开始""进步号'火箭—太空中心"股份有限公司的一体化结构建设工程。该工程设想的一体化结构总公司是联邦国家单一制企业"国家科学生产火箭—太空中心——'进步号'中央专业设计局"。该企业是火箭太空工业领域的主导企业之一，建造和生产中级"联盟型"火箭推进器、"大地号"遥感航天器，地图绘制，以及开展太空勘探和科学研究。该工程计划分三个阶段完成。第一阶段，计划于2005年颁布俄联邦政府和总统对于一体化建设的法令；联邦国家单一制企业"国家科学生产火箭—太空中心—'进步号'中央专业设计局"和联邦国家单一制企业"Optex科学生产企业"进行重组，后者被并入"进步号"中央设计局并作为其分公司；实现联邦财产私有化。第二阶段（2006年上半年）计划将联邦国家单一制企业"国家科学生产火箭—太空中心—'进步号'中央专业设计局"改制为""进步号'火箭—太空中心"股份有限公司，其100%股份由俄联邦所有，同时俄联邦在股份有限公司"发动机制造厂"持有的38%的普通股份（50.66%绝对投票权股份）也被注入""进步号'火箭—太空中心"的注册资本中。第三阶段（2006年下半年）包括企业国家登记、企业文件登记、为""进步号'火箭—太空中心"股份有限公司设立管理机构，以及添加新增公司至企业文件中。

由于组织筹备上的困难，""进步号'火箭—太空中心"股份有限公司的建设计划并未实现。

通过成立国家参与的股份有限公司建设一体化结构的模式被应用于建设""装甲坦克车辆和火炮'科学生产联合"股份有限公司。该一体化结构的目的是建立财政稳定的大型公司，各成员公司之间能够在组织、经济和技术上进行有效协作，设计和生产国家武器项目以及其他军事技术合作出口合同指定的装甲坦克车辆和炮兵装备。一体化结构拟涵盖以下公司：

——联邦国家单一制企业"生产联合公司F·E·捷尔任斯基乌拉尔车辆制造厂"，下塔吉尔市；

——联邦国家单一制企业"乌拉尔运输机器制造设计局"，下塔吉尔市，斯维尔德洛夫斯克州；

——联邦国家单一制企业"乌拉尔运输机器制造厂"，叶卡捷琳堡市；

——"全俄运输机器制造科学研究院"股份有限公司，圣彼得堡市；

——"运输机器制造专门设计局"股份有限公司，圣彼得堡市；

——"科学和工程技术创新应用科学生产"股份有限公司，圣彼得堡市；

——联邦国家单一制企业"中央材料科学研究院"，圣彼得堡市；

——联邦国家单一制企业"运输机器制造设计局"，鄂木斯克市；

——联邦国家单一制企业"发动机科学研究院"，莫斯科市；

——联邦国家单一制企业"海燕中央科学研究院"，下诺夫哥罗德市；

——"鲁布佐夫斯克市机器制造"股份有限公司，鲁布佐夫斯克市，阿尔泰边疆区；

——"莫托维利哈联合"股份有限公司，彼尔姆市。

该一体化结构拟实行联邦国家单一制企业股份制，100%股权由俄罗斯联邦持有。"'装甲坦克车辆和火炮'科学生产联合"股份有限公司的注册资本由俄联邦持有股份组成。

然而，与建设"'进步号'火箭—太空中心"股份有限公司的计划一样，建设"'装甲坦克车辆和火炮'科学生产联合"股份有限公司的计划也以失败而告终。主要原因是，2005年曾试图在一体化结构中额外加入"'兵工厂'机器制造厂"（股份有限公司，圣彼得堡）和"无线电"股份有限公司（奔撒），而这两家公司的私人股东不同意重组计划。

上述案例充分显示了一体化结构建设的复杂性，然而，2004版《方法学建议》对克服上述障碍并无帮助。

在一体化结构建设的过程中，体制的复杂性并非总是不可逾越障碍。

"'星座'康采恩"股份有限公司是一个成功的一体化结构建设案例。该公司根据2004年7月29日颁布的第993号俄联邦令设立，通过对联邦国家单一制企业"沃罗涅日市通信科学研究院"改组而来。

建设"'星座'康采恩"的目的是保持和发展无线电电子工业各企业的科学生产潜力，集中资源建设统一系统，以便在战略层面管理俄罗斯联邦武装部队和其他军队的武装力量，同时康采恩亦从事民品的研发和生产[187]。

"星座"100%的股权由俄联邦财产管理处持有。

"'星座'康采恩"包括以下股份有限公司："金刚石"、沃罗涅日市"织女星"科学研究所、沃罗涅日市"极地"中央设计局、"光线"工厂、"琥珀"试点设计局、克拉斯诺达尔市"瀑布"仪表厂、克拉斯诺达尔市"塞勒涅"设计局、"浪涛"科学生产企业、"起点"科学生产企业、梁赞市无线电厂、斯拉夫哥罗德市无线电设备厂、坦波夫市"十月"厂、坦波夫市"革命成果"厂、坦波夫市"天空"无线电技术科学研究院。

2004版"方法学建议"和2007版"方法学建议"规定的一体化结构总公司的建设机制基本相同。

从上述两种建设一体化结构总公司的方法中选择，通常需要在几个科学—生产合作制公司的基础上建立总公司，上述公司是最终产品的主要研究和生产厂家。这样一来，总公司便能轻松完成国家的国防订单，或参与国际军事合作系统。

如"工程"规定总公司为股份有限公司形式的，其注册资本须包含其他企业（即一体化结构的成员）的非国家股份，则提交联邦执行机构审查的全套文件，须包括这些非国家股份的持有者根据法律程序同意将其纳入一体化结构总公司注册资本的证明文件，以及依法对每股股票市场价值的评估结构。

此外，如"工程"确认现有的股份有限公司作为一体化结构的总公司，且俄罗斯联邦不是唯一股东，则提交联邦执行机构审查的全套文件，须包含该股份有限公司的管理机构决定依法增发普通股票的文件。

被确立作为一体化结构总公司的股份有限公司，俄罗斯联邦以联邦财产出资，并持有总公司注册资本不低于51%的股份。

确立现有联邦国家单一制企业作为一体化结构的总公司并保留其法律组织形式，规定在特殊情况下，执行国家国防订单以保障国家安全，或现行法律对私有化的限制。

在下述两种情况下，被确立为一体化结构总公司的现有联邦国家单一制企业，可保留后来的法律组织形式：一是为保障国家安全、执行国家国防订单的情况；二是现行法律限制私有化的情况。这时应将联邦国有产权移交总公司经营管理。

将其他联邦国家单一制企业纳入此类一体化结构可通过以下方式实现：

——将此类联邦国家单一制企业转变为股份有限公司，并将其股份移交给一体化结构的总公司经营管理。

——将此类联邦国家单一制企业重组并入总公司。

总公司应为2004年8月4日颁布的第1009号俄联邦总统令批准

的战略性企业和战略性股份公司名录中的企业。2007版"方法学建议"保留了此项要求。

2004年制定的联邦单一制企业"'礼炮'科研生产中心"一体化结构建设工程即为重组并入总公司的案例。该工程的目的是进行军民用两用航空燃气涡轮发动机的研发、生产、试验、维修和售后服务。该一体化结构拟为联邦国家单一制企业的形式,并分为以下阶段完成:

第一阶段:将联邦国家单一制企业"鄂木斯克市P·I·巴拉诺夫发动机制造联合公司"并入联邦国家单一制企业"礼炮"并作为其分公司。以此实现"礼炮"公司的重组。

第二阶段:吸纳"加夫里洛夫-亚姆'玛瑙'机器制造"股份有限公司,"电子仪表设计局"以及股份有限公司的国有股份,作为联邦单一制企业"礼炮"的部分注册资本。

第三阶段:将联邦国家单一制企业"礼炮"更名为联邦单一制企业"'礼炮'科研生产中心"。

在后来的修订和协调中,该工程发生了很多变动。这些变动在2007年8月11日颁布的《关于俄联邦单一制企业"莫斯科'礼炮'机械制造生产企业"与联邦单一制企业"鄂木斯克市P·I·巴拉诺夫发动机制造联合公司"进行合并的命令》的俄联邦总统令中得以体现。

根据该总统令,联邦单一制企业"莫斯科'礼炮'机械制造生产企业"通过并购"鄂木斯克市P·I·巴拉诺夫发动机制造联合公司"的形式进行重组,并更名为联邦国家单一制企业"'礼炮'燃气涡轮制造科学生产中心"。"礼炮"持有七个股份公司的投票权或控股权,并且建立了五个联邦国家单一制企业形式的分公司(见图3-6)[188]。

需要指出的一点是,无论是2004版"方法学建议",还是2007版"方法学建议",总体上均非常重视一体化结构成员企业的有效管

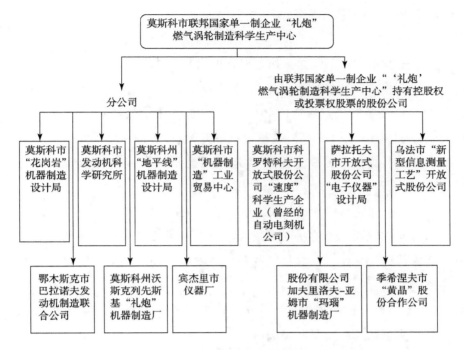

图 3-6 联邦国家单一制企业"'礼炮'燃气涡轮制造科学生产中心"一体化结构组成

理。因此，就联邦单一制企业改制形成的股份有限公司而言，除了被确立作为一体化结构总公司的公司，通常情况下其100%股份减去1股，以此纳入开放式股份形式的总公司的注册资本（移交联邦国家单一制形式的总公司经营管理）。

同时，2004版"方法学建议"更为重视的是，如果被改制为股份有限公司的联邦国家单一制企业是城市规划企业，且对解决俄罗斯联邦主体的社会经济问题有重要意义的情况。2007版"方法学建议"则对这种情况完全未予说明。取而代之的是特别研究了另外一种情况，即被改制为股份有限公司的联邦单一制企业为一体化结构或其他外围公司（包括其他一体化结构）制造非主营业务产品。

为提高一体化结构管理体系的效率和稳定性，在组成一体化结构的股份公司章程中还规定：

——总公司拥有给该股份公司下达强制性指令的权力；

——股东全体会议讨论执行机构的设立和终止等事务。

——禁止执行机构未与董事会（监事会）协商，擅自缔结单独条约和相关条约，直接或间接出让或可能出让价格超过股份公司注册资本10%以上的资产，或超过俄联邦法律规定的最低劳动工资的5万倍以上的资产；以及出借（包括票据形式）和担保数额超过规定限额。

关于一体化结构建设的决定，由相关的联邦代表处做出。该代表处负责起草俄联邦总统法令和政府法令等相关文件，包括向俄罗斯工业能源部递交文件，完成与俄罗斯经济发展部和俄罗斯国防部之间的协调。

2007版"方法学建议"扩充了匹配结构的名单，名单还新添加了联邦反垄断局和俄罗斯司法部。

当俄联邦持有的一体化结构其他成员公司的股份须纳入股份有限公司形式的总公司的注册资本时，一体化结构建设的决策须由俄联邦总统决定。此类决定还包括某些配套法规。

2004版"方法学建议"给出的文件清单包括：

——俄罗斯联邦总统令草案；

——为执行相关俄联邦总统令拟定的俄罗斯联邦政府决议草案；

——一体化结构建设的说明文件；

——经公证人或法定国家机关证实的一体化结构所有成员的企业文件副本以及其他文件（如需要）。

2007版"方法学建议"中，清单增加了须提供依法证实的一体化结构所有成员公司的企业文件副本和股东名册摘录的要求。

两个版本的"方法学建议"中要求，俄罗斯联邦总统法令草案应包含对以下事务的决定：

——确定一体化结构总公司的法律组织形式；

——改制为股份有限公司的联邦国家单一制企业清单，其股份作为联邦资产纳入总公司的注册资本，且总公司为股份有限公司形式；

——股份有限公司形式的总公司注册资本所吸收的作为联邦投资的一体化结构其他股份公司的股票；

——一体化结构总公司的主营业务不受总公司所适用的法律组织形式的制约；

——将一体化结构总公司列入2004年8月4日颁布的第1009号俄联邦政府法令所批准的战略性企业和战略性股份公司名单；

——如有必要，将一体化建设过程中改组为股份有限公司的联邦国家单一制企业，从2004年8月4日颁布的第1009号俄联邦政府法令所批准的战略性企业和战略性股份公司名单中除名。

为执行俄联邦关于一体化建设的总统法令所定的俄联邦政府决议草案，通常情况下与俄联邦总统法令草案一样，须反映对上述问题的决定。

俄联邦总统和俄联邦政府相应法规文件的草案中应附加说明书，对呈递联邦执行机构审查的一体化建设提案的最本质论点进行论证。两个版本的"方法学建议"规定，说明书的主要章节须包括一体化结构建设的主要目的和任务、建议公司加入一体化结构的依据、以及一体化结构组织管理形式的描述和论证。说明书第一章中，应对一体化结构的企业提供的军用产品（服务）进行市场分析，对所提议的一体化结构发展战略、多样化经营（包括民用产品和服务的研发、生产）进行论证。同时还须对一体化结构2010年之前经营活动的基本指标（结果）进行计划性预估，以证实一体化结构建设具备经济合理性和经济效益。

说明书第二章对一体化结构所建议的组成进行论证，须包括：一体化结构的成员清单及各公司的综合特征（包括法律组织形式、开放式股份有限公司主要股东、固定资产价值、主要技术经济指标），以及一体化结构包括民用产品的主营业务的科研-生产协作流程。

说明书第三部分对一体化结构的组织结构图加以描述，应包含以下内容：

——描述所提议的组织结构示意图，并说明在一体化完成之前各成员公司的法律组织形式；

——论证选择某个企业作为一体化结构总公司的理由及更改其法律组织形式的必要性（也可不更改）；

——描述及论证企业加入一体化结构的机制（改组，合并等）；

——论证纳入固定资本的持股规模或移交总公司经营管理的持股规模。

描述组织结构时应披露一体化结构所有成员互相持股的信息。

3.4 跨部门质量保障体系 提高国防工业综合体职能效率的工具

国防工业综合体一体化的建设目的是为了完成一系列相关任务，主要任务之一是提高国防工业综合体作为综合性高科技经济体的效率，研发和生产具有竞争力的武器系统和武器装备，发展军事和特种技术。衡量竞争力的一个重要因素是国防工业综合体的产品质量。根据 GOST R ISO9001-2008 标准，产品质量指固有特性（定性评估和定量评估）与预定要求或期望要求的匹配程度，亦即与战略技术任务、技术要求和技术规格的匹配程度。

因此，国防工业综合体一体化的发展趋势下，解决国防产品的质量问题就需广泛使用到跨部门、跨领域的管理工具，即一体化的管理工具。本节将分析国防产品质量保障方面的工作特点，以及与现代国防工业综合体结构重组的基本趋势（国防工业组织结构的扩大和可控性的提高）之间的关系。

一直以来，国防产品的质量始终是国家领导机构最重视的问题。2008年之前的标准行政文件，把国防工业综合体的产品的质量列为重点[189,192]。然而从2009年开始，由于供给俄罗斯武装部队的产品质量不尽如人意，国家国防订单的产品质量受到俄联邦总统和俄联邦政府的重点关注[193,195]。

在大多数情况下，国防产品质量不达标的主要原因被归结为：

——国防工业综合体企业的生产设备简陋、工艺技术落后；

——配件和材料的质量控制效率低下，产品生产和操作过程中杜绝使用假冒伪劣配件和材料的努力收效甚微；

——产品生产周期内信息技术支持的效率低下，如电子维修操作说明书以及运行阶段物质技术维护的信息支持；

——国防工业综合体领域内标准化和统一化不充分；

——参与国防工业综合体产品研发和生产的专家水平参差不齐；

——国防工业综合体的企业质量管理系统效率欠佳；

——缺乏生命周期全过程的质量监测系统。

显而易见，上述问题的解决，既需要每个国防企业积极配合，又需要联邦执行机构、国有企业和国防工业综合体的统一行动。

为更详尽地研究质量保障措施，应意识到，质量这一概念存在于产品生命周期的每个阶段，且具有一定的特征。例如，在研发阶段，国防产品的质量与现有的资源和工艺条件、产品特性以及与世界各国的兼容性有密切关系。在生产阶段，产品质量与批量生产过程中能多大程度上达到设计文件的要求有关。在使用阶段，产品质量最全面地体现在产品的实际使用性能与制造商在战略技术任务、技术要求和技术规格所宣称性能的匹配程度。

为对国防产品生命周期不同阶段的质量进行定量评估，可采用以下综合指标（见图3-7）：

军用产品生命周期各阶段的可测质量指标体系

产品质量—固有特性
（定性评估和定量评估）
与预定要求或期望要求（GOST R ISO9000－2008）的匹配程度

军用产品生命周期各阶段的可测质量指标体系

产品质量—固有特性（定性评估和定量评估）
与预定要求或期望要求（GOST R ISO9000-2008）的匹配程度

研究与开发 ➔ 制造 ➔ 应用

军用产品的综合质量指标

| 技术完善因数 | 厂家质量保障成本 | 产品次品率 | 故障统计特征 | 军用产品占有成本 |

军用产品单项质量指标

| 军用产品样品表现其专门用途的特性的加权卷积（速射率，有效负载，TNT当量，射程等） | ● 产品制造工艺过程的认证费用所占比重
● 次品消除费用所占比重
● 产品质量评估费用在生产中所占比重
● 质量控制总费用与产品成本的关系
● 产品出产节奏型
● 次品因数
● 索赔案件数量（考证原因）及其他 | ● 可靠性因数
● 正常使用时无故障运行的实际概率
● 平均维修时间
● 战备系数
● 可修复性
● 使用年限
● 组件价格
● 预定用途每小时的使用成本
● 物流成本
● 仓储成本
● 技术支持和其他服务的成本 |

图 3-7　国防工业综合体产品的可测质量指标系统

——技术完善度参数，指在有限的资源和工艺条件下，样品的技术、使用和其他性能与世界先进水平的差距；

——制造商为使产品达到质量要求所需要的成本，以及产品质量不合格造成的损失和附加成本；

——在试用期内产品的次品率水平；

——反映故障流特点（失灵、事故等）的统计特性（考虑国防工业综合体产品使用期限、使用条件和其他使用特性），在考虑产品使用期限、条件和其他使用条件的情况。

——国防工业综合体产品的持有成本（包括与产品购买、使用、维修和维护有关的所有物质成本）。

同时，如欲确认国防工业体生产产品的综合指标，需先测试产品生命周期各个阶段固有的分项指标。对每个分项指标来说，由于其具体性和可测量性，有可能表现出多个指标的总和，影响国防产品生命周期各个阶段的产品质量和国防工业综合体一体化水平的产品质量的本质因素。影响产品质量的综合因素见表 3-2。由表中可以看出，影响因素的易变性是国防工业综合体、开发部门和公司组织水平的特有特征。总体上看，对于产品生命周期各阶段，国防工业综合体的国防领域和一体化结构特征，一直是主要影响因素。

表 3-2 产品生命周期各阶段或国防工业综合体不同
一体化水平阶段影响产品质量的因素列表

	研发	生产	使用
国防工业综合体	1.1 国防工业体产品质量保障的全部法规，包括： ——基础法律方面，规定国家国防订单的分布和执行，并考虑所供产品的质量保证 ——国防工业综合体产品生命周期所有阶段的电子凭证传递体制 ——国防产品销售至其他国家的进出口操作程序，包括保修服务 ——完善国防工业综合体现行的全套标准，使其更靠近国际标准 ——确立产品质量责任到人的制度 1.2 国防工业综合体专项发展规划体系的效率，有利于提高产品质量 1.3 国防工业综合体组织结构、管理体系和国家调控的完善 1.4 设立国防工业综合体管理工作信息分析系统，包括国防产品质量管理 1.5 采取进口替代措施，以平衡国防工业综合体对优质配件和材料的需求		

续表

	研发	生产	使用
国防工业综合体部门	2.1 部门专项发展规划体系的效率，包括企业工业基准的重建和升级 2.2 行业标准技术文件的当前情况，及其与世界技术标准的匹配程度 2.3 使用先进信息工艺的行业标准技术文件系统 2.4 由行业企业共同建立的国防工业综合体产品质量指标平衡体系 2.5 部门职能信息系统，包括国防工业综合体产品质量的实时监控 2.6 国产电子元件库的质量标准		
国防工业综合体一体化结构	3.1 具有工艺现代化的企业战略和科技生产发展的企业战略相平衡的一体化结构 3.2 具有合理的生产技术基础设施，且考虑到设备的老化、协作的完善以及人员的保障 3.3 具备有效的创新政策以提高产品质量，优先发展信息技术 3.4 企业专业化以提高生产产能和实现批量生产 3.5 引入能提高产品质量的工艺流程，建立科学技术半成品储备机制		
国防工业综合体公司，使用部门和公司	4.1.1 产品设计前研究的深度，包括对国内外相关设计研究 4.1.2 产品在结构和使用性能上的技术－经济可行性 4.1.3 开发周期 4.1.4 开发者竞选程序的效率 4.1.5 无缺陷设计的比率 4.1.6 采用标准方案、使用统一标准零件、部件、组件的完整性和可靠性	4.2.1 原材料及外购配件的质量 4.2.2 生产工艺设备和计量仪器的质量 4.2.3 工艺流程质量 4.2.4 生产组织效率：专业性、生产结构、调度和协作 4.2.5 劳动组织效率：合理的劳动分配和工位安排，合理的作息制度等 4.2.6 管理组织效率：合理的结构，凭证传递，生产管理自动化	4.3.1 按产品的既定用途使用，并遵守技术文献规定 4.3.2 采用集成物流支持工艺 4.3.3 在规定期限内实施维修和维护 4.3.4 目前计划预防检修和大修的质量 4.3.5 在维护和维修过程中使用正品材料、配件和备件

续表

	研发	生产	使用
国防工业综合体公司，使用部门和公司	4.1.7 产品内控系统，包括自动控制系统 4.1.8 产品结构中应有各自的后备系统，这点异常重要 4.1.9 试验样品和实验样品在复杂条件下的测试质量 4.1.10 根据实验和使用数据检查和确认标准技术文件的质量	4.2.7 采用全寿命信息支持工艺的完整性和可靠性 4.2.8 产品质量保障工作的拨款质量 4.2.9 工艺设计信息的保护质量 4.2.10 工作人员的专业水平和职业结构 4.2.11 工人对质量不合格产品的负责程度 4.2.12 员工对制造高品质产品的积极性 4.2.13 具备国防工业综合体产品质量跟踪系统	4.3.6 具备国防工业综合体产品的质量跟踪系统

通过对所有影响因素的分析，可以列出主要任务清单，统一解决这些问题将有助于保障国产国防产品的质量：

——通过完善法律来保障国防工业体产品的质量；

——跟踪国防工业体企业的工艺状态并鉴定工艺流程；

——控制材料和配件的质量、源头登记，以防在产品生产和使用中混入仿冒材料和配件（非正品）；

——实施产品全寿命信息支持工艺（CALS）；

——检测并跟踪质量管理系统的工作效率；

——跟踪国防产品的质量。

上述问题的一揽子方案解决在于建设国防工业综合体跨部门的产品质量保障系统，包括相应的职能子系统。

跨部门质量保障系统的技术要求如下：

——在统一的科学技术政策和工艺原则基础上，研究、采用和维护跨部门质量保障系统；

——覆盖国防工业综合体产品寿命的全过程；

——合理使用国防工业综合体企业现有的科学方法、信息分析资源和信息长途通讯基础设施；

——将跨部门质量保障系统所提供的服务一体化；

——杜绝跨部门质量保障系统的资源和单元重叠；

——通过明确使用者对输入信息的完整性、可靠性和实效性负责的方式，保证跨部门质量保障系统整理出的信息的法律意义。

——使用数据收集、处理和保存的网络中心原则；

——跨部门质量保障系统架构的灵活性和模块化；

——在开放式系统的基础上形成跨网络的相互协作，保障跨部门质量保障系统的用户与信息子系统的兼容性以及和其他信息系统协作的可能性；

——在跨部门质量保障系统中优先选用国产的硬件－软件设备。

跨部门质量保障系统对声明参与执行国家国防订单、国际军事合作项目、吸引预算拨款的技术装备更新项目的最终产品制造商和配件、材料的供应商提出了一系列等级要求和其他要求。而跨部门质量保障系统的职能子系统——法律保障子系统的职能目标即是督促制造商和供应商务必执行上述要求。

法律保障子系统的任务还包括拟定保障国防产品质量和竞争力所必需的法律文件、组织文件和方法学文件的草案。

工艺流程跟踪子系统用于跟踪国防工业综合体企业的工艺流程状态并进行鉴定，应保证在规定周期内迅速获得最新信息，如工艺设备的组成、技术性能和状态，以及国防产品研发和生产中所鉴定的工艺流程信息。

为参与执行国家国防订单的企业建立工艺状态和工艺流程鉴定跟

踪子系统（即工艺流程跟踪子系统），应参考 2009 年 9 月 29 日颁发的第 877 号俄罗斯工贸部令《关于国防工业综合体属于俄罗斯联邦工业贸易部管辖范围的企业进行登记（注册）的规定》以及下列技术要求：

——在向国防工业综合体企业的工艺流程跟踪子系统输入信息时，应尽可能同时使用纸质版和电子版两种信息输入方式，使用互联网—端口的交互式数据输入；

——使用交互式数据输入方式进行电子数码签名并通过电子版形式传输；

——根据俄联邦相关法律，限制进入系统处理信息以保障信息安全。

国防工业综合体产品全寿命信息支持的集成设备包括以下单元：

——国防工业综合体的企业和一体化结构中使用电子数码签名、电子设计工艺和生产凭证传递设备；

——国防产品集成物流支持装置。

使用电子数码签名的电子设计工艺和生产凭证传递设备在国防工业综合体企业和一体化结构中用于提供凭证服务，其目的是：

——提高管理国防工业综合体的成员企业以及一体化结构的质量和效率；

——获得更多设计工艺和生产信息；

——防止数据和文件的重叠；

——全面迅速监督国防工业综合体成员和一体化结构的管理工作效果。

建立电子数码签名的电子设计工艺和生产凭证传递系统，须遵守以下基本原则：

——全面登记文件以保证文件的单一识别性；

——尽可能平行地处理文件，以缩短凭证流转时间，提高操作速度；

——凭证有序流转，保证责任执行人能在凭证寿命的每个时间点将其识别；

——实行单一凭证信息库，防止凭证重叠；

——强大的文件搜索系统，能够使用最少信息搜索凭证；

——使用能够反映凭证不同状态和属性的先进报表系统，以报表数据库为基础监督凭证流转、实施管理决策；

——保证具有法律效力（或互相承认有约束力的）的电子数据和凭证通过信托服务进行交换；

——利用证明中心和电子数码签名对使用者和数据进行鉴别。

国防产品集成物流支持包括以下装置：

——电子产品目录引导装置；

——电子使用说明书引导装置；

——产品使用中技术维护和产品维修的电子调度和管理装置；

——产品使用中物质-技术支持的电子调度和管理装置；

——产品配置电子控制装置。

国防产品电子目录引导装置应满足以下要求：

——与联邦政府需求产品的编目系统兼容；

——在数据上与俄罗斯国防部建立的俄联邦武装部队供应品编目系统的自动数据库以及国防产品标准化文献库的统一软件包兼容，其运行环境为 MCBC 3.0 操作系统和 Linter-BC 6.0 管理系统；

——与国防工业体所使用的产品-材料部门分类手册一致；

——产品信息的分类、识别和编码原则应与国际通用原则保持一致，如：NATO Manual on Codification（ACodP-1）（北约编码手册）、NATO Multilingual Supply Classification Handhook（ACodP-2）（北约多语种供应分类手册）、NATO Multilingual Item Name Directory（ACod-P3）（北约多语种项目名称目录）、Uniform System of Supply Classification（STANAG 3150）（统一供应分类系统）、Uniform System of Item I-dentification（STANA 3151）（统一项目识别系统）。

电子使用说明书引导装置须执行以下主要任务：

——对产品的不同配置进行公示；

——管理说明书的变动和版本；

——用多种语言编写说明书；

——监督说明书的质量；

——公示决算信息。

产品使用中技术维护和产品维修的电子调度和管理装置须执行以下任务：

——确认国防产品对技术支持和维修的预期需求；

——确认国防产品对技术支持和维修的实际需求；

——基于专业标准的日常维修计划。

产品使用中物质—技术支持的电子调度和管理装置须执行以下任务：

——编纂物质—技术支持的对象（物品）；

——实施初始物质技术支持和常规物质技术支持；

——计划物质—技术支持对象（物品）的采购；

——管理订单和供应。

产品配置电子控制装置的设立须符合 GOST R ISO10007-2007 标准（组织管理，配置管理指南），以及基于 AS/EN9100-2009 的俄罗斯联邦国家标准（质量管理系统（对航空、航天和国防企业的要求）。产品配置电子控制装置能够生成产品配置的凭证。通过配置凭证可确认及识别产品的功能特性、物理特性和应用特性。

产品配置电子控制装置须保证国防工业体产品配置识别和控制程序的执行。

配置的识别包括：

——对要求进行分组；

——导出产品功能特性和其他特性的个别分组；

——导入产品的符号元素；

——确认产品配置的凭证。

配置的控制包括：

——建立产品配置与包含核算或试验方式获得的产品性能评估等设计数据之间的联系；

——修改产品及其元素的设计并制作凭证，以消除与规定要求的偏差；

——规定产品及其元素设计修改及确认修改的程序（次序）；

——根据国防工业综合体产品要求满意度以及修改所产生的费用，修改产品及其元素设计的效益评估。

跟踪国防产品生产企业质量管理系统的可用性和有效性的职能子系统，应执行以下任务：

——监督国防产品生产企业质量管理系统的可用性；

——分析生产企业质量管理系统所测效率参数和结果的可用性；

——确认国防产品生产企业的质量管理系统与规定要求的匹配程度，确保质量管理系统符合规定要求；

——质量管理系统应确保出厂产品质量符合订货方要求；

——提高参与者的选拔效率和国家国防订单的执行效率；

——评估产品的研发、生产、试验、使用、维修和回收利用等过程与相关文件要求的匹配程度，以及质量管理系统元素与规定要求的匹配程度；

——根据国家国防订单或出口供货计划，确认生产厂商在规定期限内稳定生产规定数量且质量达标的产品的能力；

——评估国防工业体产品生命周期各个阶段计划和相关组织—技

术质量保障措施的效果。

国防工业综合体跨部门产品质量保障体系的产品质量跟踪子系统，涵盖产品质量信息收集装置和产品质量综合信息分析装置。产品质量分析装置的作用是找出产品生命周期各个阶段影响产品质量的因素。同时，信息分析装置应对原始信息进行初步加工和处理。

信息初步处理的目的是：

——对整个生命周期各阶段的零件、部件、组件故障按下列特征进行分类；

——故障原因、故障后果、发现故障的方法、故障的外部表现形式、故障原理、故障种类以及它们与可靠性参数评估的联系、故障修复组件的方式等；

——在专用数据库中搜集故障的统计数据并将其系统化；

——分析故障可能的不良后果以及消除不良后果所需的费用及时间，定性分析故障后果的严重性和/或定量分析故障后果的临界性。

信息主题处理的目的是为国防工业综合体产品质量达标保障措施提供信息支持，以及拟定以下方面的建议：

——完善国防产品质量保障的法律基础；

——修改各阶段零件、部件、组件的设计和/或制造工艺，以降低故障造成不良后果的可能性和/或严重性；

——提高国防工业综合体企业质量管理系统的使用效率；

——国防工业综合体企业和配件供应商的工艺更新和改造；

——防止在国防产品生产、技术维护和维修过程使用仿冒材料和配件的技术应用与完善；

——提高产品全寿命信息支持技术在生命周期所有阶段的使用效率；

——为参与开发前瞻性武器的国防工业综合体企业选择合理的协作方式；

——确立在国家国防订单或出口订单中供应劣质产品的企业负责人的行政责任和物质赔偿义务；

——提高参与国防产品研发和制造的人员的技术水平或对人员进行重新培训。

建设和应用跨部门产品质量保障体系时，在以下方面实施标准化和统一化：

——国防工业综合体产品质量的综合指标和单项指标，以及这些指标的评估方法；

——提交相关信息及情报的组成、顺序以及方式，如产品质量、国防工业综合体企业质量管理系统适用性及有效性、国防工业综合体企业工艺状态和工艺流程鉴定结果、质量监督结果，以及国防产品材料和配件的商标信息和注册信息；

——对跨部门产品质量保障体系处理国防产品质量信息进行保护。

建立跨部门产品质量保障体系的经济目的，是提高国家国防订单及出口订单的产品质量。国防产品质量及经济效益的提高应从以下几方面着手：

——通过国防工业综合体企业和一体化结构，建设跟踪生产—工艺流程的综合系统，提高国防工业综合体领域和国际军事技术合作领域国家工业政策的效力；

——通过提高技术水平，增强国产军用产品在全球市场上的竞争力；

——提高军用产品国内外客户的满意度；

——缩短新型国防产品的研发周期；

——降低军用产品生产过程中的次品率；

——减少生产厂商在保障军用产品上的开支；
——缩短国防工业体新式产品批量试生产的过程；
——减少军用产品在保修期内和保修期后的故障率；
——通过提高组件的质量指标，降低军用产品的持有成本。

参 考 文 献

[1] A·L·西多罗夫. 从沙皇制度的形成到第一次世界大战. 历史档案，1962（2）.

[2] K·F·莎齐洛. 俄罗斯帝国最新军事项目. 历史问题，1997（7）（8）.

[3] 苏联中央历史国家档案馆. F.1276. 目录，2. D. 444.

[4] 俄罗斯国家军事历史档案馆 F. 369. 存储单元，3165. 1906—1922 年.

[5] 特别会议纲要和部长理事会纲要条款的增补和修改·法令汇编[G].1996（39）.

[6] A·P·博戈瑞金斯基. 国家垄断资本主义在俄国[M]. 国家社会经济书籍出版社，1959.

[7] G·I·希加林. 第一次世界大战的军事经济[M]. 军事出版社，1956.

[8] E·V·马耶夫斯基. 第一次世界大战中的俄罗斯工业经济[M]. 国家政治书籍出版社，1957.

[9] M·F·尤里. 中央军事工业委员会[D].1981.

[10] S·L·列昂诺娃. 第一次世界大战期间的军事工业委员会[D]. 1996.

[11] V·C·米哈伊洛夫将军（1875—1929）. 履历文档. 军事工业历史纲要. RPE，2009.

[12] A·A·马尼科夫斯基. 世界大战中俄罗斯军队的军用物资（第

二版，第二卷）[M]//E·Z·巴尔斯科夫修订和增补．国家出版社，1930．

[13] E·Z·巴尔斯科夫．俄罗斯炮兵（1900—1917年）（第四卷）[M]．苏联武装力量部军事出版社，1948—1949．

[14] 国民经济法令决议汇编（第二册）[G]．1920．

[15] V·C·米哈伊洛夫．军事工业历史纲要 [M]．俄罗斯政治百科全书出版社，2007．

[16] 俄罗斯联邦国家档案馆．F. 8418. 目录. 8. D. 2.

[17] 俄罗斯苏维埃联邦社会主义共和国人民委员会《关于计划委员会》的法令，1921年3月17日开始施行．

[18] 俄罗斯国家经济档案馆．F. 2097. 目录. 1. D. 117, 72.

[19] 伦纳特·萨缪尔森．红色碑石——苏联军事工业综合体的形成．1921—1941 [M]．20世纪俄罗斯社会研究者学会，2001．

[20] 图哈切夫斯基．在国家计委系统设立国防部门的简报，1927年6月18日．俄罗斯国家经济档案馆．F. 4372. 目录. 91. D. 43.

[21] 俄罗斯国家社会历史档案馆．F. 17. 目录. 162. D. 8.

[22] 俄罗斯国家经济档案馆．F. 17. 目录. 162. D. 8.

[23] 全联盟共产党（布尔什维克）中央委员会决议《关于工业管理重组》．党和政府关于经济问题的决定（第二册）[M]．政治书籍出版社，1967．

[24] 俄罗斯国家经济档案馆．F. 2097. 目录. 1. D. 1122.

[25] N·S·西蒙诺夫．1920—1950的苏联军事工业综合体：经济增长速度、结构、生产管理组织 [M]．俄罗斯政治百科全书出版社，1996．

[26] 俄罗斯国家经济档案馆．F. 7297. 目录. 41. D. 11.

[27] 俄罗斯现代史文献保管和研究中心．F. 17. 目录. 162. D. 8.

[28] 俄罗斯国家军事档案馆．F. 31811. 目录. 1. D. 196.

[29] 俄罗斯联邦国家档案馆. F. 8418. 目录. 27. D. 153.

[30] 俄罗斯联邦国家档案馆. F. 8418. 目录. 27. D. 21.

[31] 伦纳特·萨缪尔森. 红色碑石[M]. 20世纪俄罗斯社会研究者学会,2001.

[32] 俄罗斯联邦国家档案馆. F. 8418. 目录. 27. D. 65.

[33] 苏联最高苏维埃公报,1939-02-23,41（27）.

[34] 俄罗斯联邦国家档案馆. F. 8418. 目录. 23. D. 2.

[35] 俄罗斯国家经济档案馆. F. 4372. 目录. 91. D. 3002.

[36] 俄罗斯现代史文献保管和研究中心. F. 644. 目录. 2. 存储单位. 116,1.

[37] Y·A·高里科夫. 国家国防委员会决定（1941—1945）. 数字和文件[M]. 奥尔马传媒出版社,2002.

[38] 俄罗斯现代史文献保管和研究中心. F. 644. 目录. 2. 存储单位. 335.

[39] 俄罗斯联邦国家档案馆. F. 4372. 目录. 95. D. 392.

[40] 俄罗斯联邦国家档案馆. F. 4372. 目录. 94. D. 349a.

[41] 俄罗斯联邦国家档案馆. F. 8752. 目录. 4. D. 728.

[42] 俄罗斯联邦国家档案馆. F. 4372. 目录. 93. D. 1519.

[43] 俄罗斯联邦国家档案馆. F. 4372. 目录. 77. D. 255.

[44] N·S·西蒙诺夫. 1920—1950的苏联军事工业综合体[M]. 俄罗斯政治百科全书出版社,1996.

[45] I·V·贝斯特洛娃. 军事工业综合体的发展. 苏联与冷战[M]. 莫斯科城市档案馆,1995.

[46] 党和政府对经济问题的决定：五十年文档汇编（第三卷）[M]. 1968.

[47] 党和政府对经济问题的决定：五十年文档汇编（第四卷）[M]. 1968.

［48］O·D·巴克拉诺夫．本国军事工业综合体及其历史发展［M］．拉多伽-100出版社，2005．

［49］军事工业综合体：百科全书（第三册）［M］．阅兵出版社，2006．

［50］O·D·巴克拉诺夫．永不遗忘的名字：忆维亚切斯拉夫·瓦西里耶夫·巴西列夫．明天，2006-08-09（32）（664）．

［51］B·库扎克．俄罗斯国防工业综合体：二十一世纪的断层［M］．俄罗斯图书学院出版社，1999．

［52］1991年11月28日颁布的第242号俄罗斯苏维埃联邦社会主义共和国总统令《关于俄罗斯苏维埃联邦社会主义共和国国家管理中央机关重组》．

［53］俄罗斯联邦联邦会议联邦委员会公告，1998，2（69）．

［54］Y·D·马斯柳克夫．国防工业综合体：如何进入二十一世纪？［N］．工业报，2001-3，5-6（16-17）．

［55］1999年5月25日颁布的第651号俄罗斯联邦总统令《关于联邦执行机关的结构》．

［56］2000年5月17日颁布的第867号俄罗斯联邦总统令《关于联邦执行机关的结构》．

［57］2000年10月23日颁布的第1768号俄罗斯联邦总统令《关于俄罗斯联邦国防生产的集约化和合理化》．

［58］1999年6月22日颁布的第665号俄罗斯联邦政府决议《关于俄罗斯联邦军事工业问题委员会》．

［59］2000年2月17日颁布的第137号俄罗斯联邦政府决议《关于俄罗斯联邦军事工业问题委员会成员的变动和增补》．

［60］1999年9月7日颁布的第1011号俄罗斯联邦政府决议《关于俄罗斯联邦军事工业问题委员会成员的变动》．

［61］2001年10月11日颁布的第713号俄罗斯联邦政府决议．

［62］2002年7月11日颁布的第517号俄罗斯联邦政府决议《关于

联邦专项计划"国防工业综合体 2002—2006 年重组和发展"实施委员会》.

[63] 2002 年 11 月 20 日颁布的第 306 号俄罗斯工业科学部法令《关于在俄罗斯工业科学部建立国防工业综合体企业登记表的组织工作》.

[64] 2007 年 10 月 11 日颁布的第 54 号俄罗斯工业科学部法令《国防工业综合体企业汇总登记表中包括的企业名单》.

[65] 2004 年 8 月 18 日颁布的第 70 号俄罗斯工业科学部法令《关于确认建设国防工业综合体一体化结构的方法学建议》.

[66] 2004 年 3 月 9 日颁布的第 314 号俄罗斯联邦总统令《关于联邦执行机构的系统和结构》.

[67] 2004 年 12 月 3 日颁布的第 733 号俄罗斯联邦政府决议《关于俄罗斯联邦军事工业问题委员会纲要的确认》.

[68] 联邦工业代表处第 59 号法令《关于联邦工业代表处分支结构现行纲要的确认》.

[69] 2004 年 12 月 31 日颁布的第 261 俄罗斯工业部法令《关于建设天然气工业专项计划实施协调委员会》.

[70] 2004 年 8 月 27 日颁布的第 83 号俄罗斯工业能源部法令《关于成立国防工业综合体改革发展跨部门委员会》（加入了 2006 年 3 月 27 日颁布的俄罗斯工业能源部第 59 号法令、2007 年 2 月 2 日颁布的第 26 号俄罗斯工业能源部法令以及 2007 年 10 月 30 日颁布的第 467 号俄罗斯工业能源部法令的改动）.

[71] V·N·卜济林. 军事工业委员会——可靠的国防工业督查者 [N]. 红星, 2007 - 02 - 01.

[72] 2015 年前航空工业发展战略 [M]. 2005.

[73] 2015 年前火箭—太空工业发展战略. 2006 年 1 月 19 日颁布的第 38 - R 号俄罗斯联邦政府令《关于确认俄罗斯联邦社会经济中

期发展项目（2006—2008 年）》．

[74] 2020 年造船工业发展战略以及未来展望．由 2007 年 9 月 6 日颁布的第 354 号俄罗斯工业能源部法令确认．

[75] 2025 年俄罗斯无线电工业发展战略．由 2007 年 8 月 7 日颁布的第 311 号俄罗斯工业能源部法令确认．

[76] S. 斯捷巴士恩．现代化：普京计划的俄罗斯飞跃［N］．俄罗斯报，2007-11-02（4509）．

[77] 2008 年 5 月 12 日颁布的第 724 号俄罗斯联邦总统令《联邦执行机关系统和结构的问题》．

[78] 航空工业局纲要．由 2008 年 8 月 8 日颁布的第 63 号俄罗斯工贸部法令确认．

[79] 一般武器、弹药和特殊化学品工业局纲要．由 2008 年 8 月 4 日颁布的第 48 号俄罗斯工贸部法令确认．

[80] 无线电工业局纲要．由 2008 年 8 月 4 日颁布的第 50 号俄罗斯工贸部法令确认．

[81] 草船工业和海洋技术局纲要．由 2008 年 8 月 7 日颁布的第 62 号俄罗斯工贸部法令确认．

[82] http：//www.kremlin.ru.

[83] 关于规范俄罗斯联邦国防工业综合体经营活动的立法情况（报告草案）．由联邦委员会机关分析处拟定［M］．2010．

[84] http：//www.marker.ru.

[85] 2020 年俄罗斯联邦国家安全战略．由 2009 年 5 月 12 日颁布的第 537 号俄罗斯联邦总统法案确认．

[86] 俄罗斯联邦军事学说．由 2010 年 2 月 5 日颁布的第 146 号俄罗斯联邦总统令确认．

[87] 2020 年前俄罗斯联邦长期社会经济发展理论．由 2008 年 11 月 17 日颁布的第 1662-R 号俄罗斯联邦政府令确认．

[88] S·斯捷巴士恩. 现代化：普京计划的俄罗斯飞跃 [N]. 俄罗斯报, 2007-11-02（4509）.

[89] S·普季齐金. 国防和坦克的装备更新 [N]. 俄罗斯报, 5431（55）.

[90] K·萨维茨基, K·马尔金, V·莫格雷切娃. 国有企业作为俄罗斯经济现代化的元素：俄罗斯联邦政府分析中心报告 [M]. 2011.

[91] 1999年7月8日颁布的第140-FZ号联邦法律《关于"非商业组织法"的补充》.

[92] 第7-FZ号联邦法律《非商业组织法》（之后相继修订的版本有：1998年11月26日颁布的第174-FZ号, 1999年6月8日颁布的第140-FZ号, 2002年3月21号颁布的第31-FZ号, 2002年12月28日颁布的第185-FZ号, 2003年12月23日颁布的第179-FZ号, 2006年1月10日颁布的第18-FZ号, 2006年2月2日颁布的第19-FZ号）.

[93] 消息报. 2008-06-12.

[94] 俄罗斯联邦总统德米特里·梅德韦杰夫《致俄罗斯联邦联邦会议公文》, 2009年11月12日.

[95] T·济科瓦. 国有企业的期限. 经济发展部制订了国有企业的重组计划 [N]. 俄罗斯报, 2010-02-26, 5119（40）.

[96] 俄罗斯经济发展部第2141-EN/D06号公函, 2010年2月15日.

[97] 2010年12月29日颁布的第437-FZ号联邦法律《关于联邦法律"非商业组织法的修改和单独的俄罗斯联邦法律文件》.

[98] 2006年2月20日颁布的第140号俄罗斯联邦总统令《关于"航空制造联合"股份有限公司》.

[99] 2006年4月20日颁布的第224号俄联邦议《关于实施2006年

2月20日颁布的第140号俄罗斯联邦总统令"关于'航空制造联合'"股份有限公司的措施》.

[100] "航空制造联合"股份有限公司2007年年度决算.

[101] "航空制造联合"股份有限公司2010年第四季度决算.

[102] http：//www.uacrussia.ru.

[103] "航空制造"股份有限公司2009年年度决算.

[104] "航空制造"股份有限公司2025年发展战略纲要，2008. 105. http：//www.aviaport.ru.

[106] 2007年3月21日颁布的第394号俄罗斯联邦总统令《关于"航空制造联合"股份有限公司》.

[107] 2020年前造船工业发展战略以及未来展望. 由2007年9月6日颁布的第354号俄罗斯工业能源部指令确认.

[108] http：//www.oaoosk.ru.

[109] "船业制造联合股份有限公司"2008年年度决算.

[110] "船业制造联合股份有限公司"2009年年度会计决算解释说明.

[111] 2010年6月9日颁布的第696号俄罗斯联邦总统令《关于"船业制造联合"股份有限公司》.

[112] "船业制造联合"股份有限公司2009年年度决算.

[113] "船业制造联合公司"的使命[J]. 建设强国舰队，2010（4）.

[114] 2020年前俄罗斯海洋学说. 2001年7月27日由俄罗斯联邦总统确认，Pr-1387.

[115] 2007年11月23日颁布的俄罗斯联邦第270-FZ号联邦法律《关于国有企业"俄罗斯工艺"》.

[116] 1997年8月20日颁布的第907号俄罗斯联邦总统令.

[117] 2000年4月27日颁布的第750号俄罗斯联邦总统令《关于联

邦国家单一制企业"工业出口"并购联邦国家单一制企业"俄罗斯工艺"并重组》.

[118] 2000 年 11 月 4 日颁布的第 1834 号俄罗斯联邦总统令《关于建设联邦国家单一制企业"俄罗斯国防出口"》.

[119] 2007 年 11 月 26 日颁布的第 1577 号俄罗斯总统令《关于"俄罗斯国防出口"股份有限公司》.

[120] 2008 年 6 月 18 日颁布的第 887 – R 号俄罗斯联邦政府令《关于联邦国家单一制企业"俄罗斯国防出口"改制为"俄罗斯国防出口"股份有限公司》.

[121] 国有企业"俄罗斯工艺"2009 年年度决算. 由国有企业"俄罗斯工艺"监事会确认并签署 2010 年 3 月 18 号第 2 号备忘录.

[122] 集团公司及其下属公司的经营活动和未来发展[J]. 俄罗斯工艺,2010.

[123] http://rostechnologii.ru.

[124] 2008 年 7 月 10 日颁发的第 1052 号俄罗斯联邦总统令《国有企业在促进高技术工业产品"俄罗斯工艺"的研发、生产和出口上的问题》.

[125] 2008 年 11 月 21 日颁发的第 873 号俄罗斯联邦政府决议《关于 2008 年 7 月 10 日颁布的第 1052 号俄罗斯联邦总统法令的实施措施》.

[126] 2007 年 11 月 26 日颁发的第 1576 号俄罗斯联邦总统令《关于促进高技术工业产品"俄罗斯工艺"研发、生产和出口的国有企业监事会的成员》.

[127] 2009 年 6 月 30 日颁发的第 726 号俄罗斯联邦总统令《促进高技术工业产品"俄罗斯工艺"研发、生产和出口的国有企业监事会的问题》.

[128] 2007 年 12 月 1 日颁发的第 317 – FZ 号俄罗斯联邦法律《关于

国有原子能公司"俄罗斯原子"》.

[129] 第 7-FZ 号联邦法律《非商业组织法》（之后相继修订的版本有：1998 年 11 月 26 日颁布的第 174-FZ 号，1999 年 6 月 8 日颁布的第 140-FZ 号，2002 年 3 月 21 号颁布的第 31-FZ 号，2002 年 12 月 28 日颁布的第 185-FZ 号，2003 年 12 月 23 日颁布的第 179-FZ 号，2006 年 1 月 10 日颁布的第 18-FZ 号，2006 年 2 月 2 日颁布的第 19-FZ 号）.

[130] 2002 年 10 月 26 日颁布的第 127-FZ 号联邦法律《破产法》.

[131] 2008 年 3 月 20 日颁布的第 369 号俄罗斯联邦总统令《关于建设国有原子能公司"俄罗斯原子"的措施》.

[132] 2008 年 3 月 20 日颁布的第 705 号联邦法律《关于国有原子能公司"俄罗斯原子" 2009-2015 年的经营活动纲要》.

[133] http://www.rosatom.ru.

[134] 原子能源工业：国家的战略利益：市场分析局报告——"天然气工业银行"股份有限公司. 2010.

[135] 2007 年 4 月 27 日颁布的第 556 号俄罗斯联邦总统令《关于俄罗斯联邦原子能源工业综合体的重组》.

[136] 2002 年 4 月 23 日颁布的第 412 号俄罗斯总统令《关于防空康采恩"金刚石-安泰"股份有限公司》.

[137] 2006 年 6 月 28 日颁布的第 480 号俄罗斯政府决议《关于防空康采恩"金刚石-安泰"股份有限公司》.

[138] 1994 年 12 月 1 日颁布的第 1309 号俄罗斯政府决议《关于建设股份有限公司形式的"工业公司康采恩'安泰'"》.

[139] 2007 年 2 月 5 日颁布的第 136 号俄罗斯总统令《关于"防空康采恩'金刚石-安泰'"股份有限公司的进一步发展》.

[140] 2007 年 2 月 19 日颁布的第 101 号俄罗斯联邦总统决议.

[141] 2007 年 11 月 21 日颁布的第 1564 号俄罗斯联邦总统决议

《"防空康采恩'金刚石-安泰'"股份有限公司的问题》.

[142] "防空康采恩'金刚石-安泰'"股份有限公司."防空康采恩'金刚石-安泰'"股份有限公司董事会确认建设防空-防导弹系统设计总局的计划.

[143] A·A·拉斯普列金系统设计总局"金刚石-安泰"新闻处.重组已完成.2011-01-24.

[144] http://www.almaz-antey.ru.

[145] http://www.ru.wikipedia.org.

[146] S·N·奥斯塔年科,V·A·苏谢夫斯基.大型机器制造康采恩生产系统的前景发展[R].第六届国际会议"工业中的企业:发展之路".2007-12-05.

[147] V·V·缅希科夫,S·N·奥斯塔年科.大型专业工业生产控股公司的重组思想[R].第四届跨地区会议"工业中的企业:发展之路".2005-11-30.

[148] "防空康采恩'金刚石-安泰'"股份有限公司."防空康采恩'金刚石-安泰'"股份有限公司研究方法学分析并对子公司做综合评估.

[149] 国家防御.2010-06-10.

[150] 2002年3月13日颁布的俄罗斯联邦政府第149号决议《关于建设"战略火箭武装"股份有限公司》.

[151] 2004年5月9日颁布的第591号俄罗斯联邦总统决议《关于"战略火箭武装"股份有限公司的发展》.

[152] 2007年6月20日颁布的第93号俄罗斯联邦总统决议《关于"战略火箭武装"股份有限公司的进一步发展》.

[153] 2007年8月18日颁布的第1087-R号俄罗斯联邦政府令《关于2007年6月20日颁布的第930号俄罗斯联邦总统决议"'战略火箭武装'股份有限公司的进一步发展"的实施》.

[154] "战略火箭武装"股份有限公司的2009年年度决算．由"战略火箭武装"股份有限公司董事会于1010年5月13日确认，第48号备忘录．

[155] B·V·奥博诺索夫．没有明确的战略就没有发展［J］．国家防御，2006（2）．

[156] B·V·奥博诺索夫．千里之行，始于足下［J］．国家防御，2007（7）．

[157] http：//ktrv.ru.

[158] 中央机器制造科学研究所．世界航天强国，预印本，2010-1（1001）．

[159] 卢森堡：欧洲共同体官方出版物的办公室．欧洲航空学：2020年的远景［R］．2001．

[160] 2008年4月28日颁布的第603号俄罗斯联邦总统令《关于建设国家研究中心"库尔恰托夫学院"的草案》．

[161] 2009年9月30日颁布的第1084号俄罗斯联邦总统令《关于建设国家研究中心"库尔恰托夫学院"试验性方案的附加措施》．

[162] 2009年12月14日颁布的第1935-R号俄罗斯联邦总统令《关于联邦国家机构"库尔恰托夫学院"纳入俄罗斯联邦政府管辖范围》．

[163] 2011年2月17日颁布的第89号俄罗斯联邦政府决议《关于国家研究中心"库尔恰托夫学院"作为研究中心建设试验性方案的参与者行使联邦国家预算机关权力以及联机管理财产所有者权力的规则》．

[164] 2010年6月27日颁布的第220-FZ号俄罗斯联邦法律《关于国家研究中心"库尔恰托夫学院"》．

[165] E·L·德拉切娃，A·M·利布曼．一体化公司结构定义和分

类的难题［J］．俄罗斯及国外管理，2001（4）．

［166］1991年3月22日颁布的第948－I号俄罗斯苏维埃联邦社会主义共和国法律《关于垄断行为在商品市场的竞争和组织》．

［167］1993年12月5日颁布的第2096号俄罗斯联邦总统令《关于金融工业集团在俄罗斯联邦的建设》．

［168］1995年12月30日颁布的第190－FZ号俄罗斯联邦法律《金融工业集团法》．

［169］1996年4月1日颁布的第443号俄罗斯联邦总统令《关于金融工业集团建设和经营的激励措施》．

［170］国家杜马经济政策、企业经营和旅游业委员会第422372－4号法律草案《"金融工业集团法"失去法律效力》的解释说明．

［171］"航空电子技术"康采恩股份有限公司2007年年度决算，2008年6月6日第11号备忘录．

［172］"大洋仪器"康采恩股份有限公司2006年年度决算，2007年5月11日第6号备忘录．

［173］1993年12月5日颁布的第2096号俄罗斯联邦总统令《关于金融工业集团在俄罗斯联邦的建设》．

［174］V·V·赫瓦列伊，Y·I·丰克．独联体成员国（俄罗斯，白俄罗斯，乌克兰）对外经济法律基础教程．明斯克：阿马尔－菲亚，2000．

［175］E·L·德拉切娃，A·M·利布曼．一体化公司结构定义和分类的难题［J］．俄罗斯及国外管外管理，2001（4）．

［176］V·B·阿库洛夫，M·N·鲁巴科夫．组织理论．教学参考书．彼得罗扎沃茨克国立大学，2002．

［177］I·H·伊万诺夫．企业管理［M］．因弗拉－M出版社．

［178］A·A·汤姆普森，A·J·司特利克连特．战略管理［M］．联合出版社，1998．

[179] O·P·科洛杰伊尼科夫，A·A·特瑞费洛娃. 战略管理和创新管理一体化[J]. 俄罗斯和国外管理，2001（4）.

[180] V·G·耐姆琛. 俄罗斯企业发展[J]. 现代俄罗斯经济科学，2003（03）.

[181] G·G·谢列博连尼科夫. 生产系统结构分析：原则、元素和方法[M]. 坦波夫国立科技大学出版社，2006.

[182] V·伊诺泽姆采夫. 企业的目标和结构是竞争力的基础[J]. 管理理论与实际的问题，2001（3）.

[183] http：//www.iso9000.ru/library.

[184] D·G·帕诺克. 工业企业的经典组织管理结构分析：俄罗斯经济中企业经营的问题[G]//高校科学论文汇编，2008（8）.

[185] 2002年6月11日颁布的第517号俄罗斯联邦政府决议《联邦专项计划"国防工业综合体2002—2006年改革与发展"实施委员会》.

[186] 2007年10月11日颁布的第426号俄罗斯工业能源部指令《关于国防工业综合体一体化结构建设的方法学建议的确认》.

[187] "星座"康采恩股份有限公司2009年年度决算.

[188] http：//salut.ru.

[189] 2004年3月1日俄罗斯联邦与其他国家军事技术合作问题委员会第1号关于制订与实施俄罗斯工业部保障出口军用产品质量和服务计划的备忘录，2004年4月1日由俄罗斯联邦总统确认.

[190] 2006年3月4日签发的俄罗斯联邦政府办公厅第P7-1883号委托拟定俄罗斯联邦政府指令草案《保障出口军用产品质量和服务的首要措施》委托书.

[191] 2006年12月22日颁布的第417号俄罗斯工业能源部指令《关于实施保障出口军用产品质量和服务计划的工作组织》.

[192] 2007年10月8日颁布的第437号联邦工业代表处（俄罗斯工业部）指令《关于俄罗斯工业部所属企业生产产品的质量提高、标准化、分类、计量工作的完善，以及实施保障军用产品（包括出口军用产品）质量和服务计划组织工作的措施》.

[193] 2009年10月26日俄罗斯联邦总统D·A·梅德韦杰夫在"军事工业集团'机器制造'科学生产联合"股份有限公司（列乌托夫市）关于国防工业综合体为国家国防订单和出口订单生产产品的质量问题召开会议的会议材料.

[194] 2010年8月17日颁布的第629号俄罗斯联邦政府决议《俄罗斯联邦政府某些关于国家国防订单和出口订单的军用产品质量保障的决议的修订》.

[195] 2010年2月15日俄罗斯联邦总统V·V·普京和俄罗斯工业贸易部部长V·B·赫里斯坚科以及联邦军事技术合作处负责人开会的会议资料.